传 统 农 区 工 业 化 与 社 会 转 型 丛 书

传统农区工业化与社会转型丛书

丛书主编／耿明斋

中西部地区
承接产业转移：
案例与政策创新

耿明斋　等◇著

Central and Western Regions
to Undertake Industry Transfer:
Case and Policy Innovation

社会科学文献出版社
SOCIAL SCIENCES ACADEMIC PRESS (CHINA)

　　本项研究与著作撰写出版得到了中原发展研究基金会、新型城镇化与中原经济区建设河南省协同创新中心、河南省高等学校人文社会科学重点研究基地中原发展研究院、河南省高校新型智库建设以及河南省发展和改革委员会与财政厅政府购买服务项目的资助。

　　如果不考虑以渔猎、采集为生的蒙昧状态，人类社会以18世纪下半叶英国产业革命为界，明显地可分为前后两个截然不同的阶段，即传统的农耕与乡村文明社会、现代的工业与城市文明社会。自那时起，由前一阶段向后一阶段的转换，或者说社会的现代化转型，已成为不可逆转的历史潮流。全世界几乎所有的国家和地区都曾经历或正在经历从传统农耕与乡村文明社会向现代工业与城市文明社会转型的过程。中国社会的现代化转型可以追溯到19世纪下半叶的洋务运动，然而，随后近百年的社会动荡严重阻滞了中国社会全面的现代化转型进程。

　　中国真正大规模和全面的社会转型以改革开放为起点，

农区工业化潮流是最强大的推动力。正是珠三角、长三角广大农村地区工业的蓬勃发展，才将越来越广大的地区和越来越多的人口纳入工业和城市文明发展的轨道，并成就了中国"世界工厂"的美名。然而，农耕历史最久、农耕文化及社会结构积淀最深、地域面积最大、农村人口最集中的传统平原农区，却又是工业化发展和社会转型最滞后的地区。显然，如果此类区域的工业化和社会转型问题不解决，整个中国的现代化转型就不可能完成。因此，传统平原农区的工业化及社会转型问题无疑是当前中国最迫切需要研究解决的重大问题之一。

使我们对传统农区工业化与社会转型问题产生巨大兴趣并促使我们将该问题锁定为长期研究对象的主要因素，有如下三点。

一是关于工业化和社会发展的认识。记得五年前，我们为申请教育部人文社科重点研究基地而准备一个有关农区工业化的课题论证时，一位权威专家就对农区工业化的提法提出了异议，说"农区就是要搞农业，农区的任务是锁定种植业的产业结构并实现农业的现代化，农区工业化是个悖论"。两年前我们组织博士论文开题论证时，又有专家提出了同样的问题。其实对这样的问题，我们自己早就专门著文讨论过，但是，一再提出的疑问还是迫使我们对此问题做更深入的思考。事实上，如前所述，从社会转型的源头上说，最初的工业都是从农业中长出来的，所以，最初的工业化都是农区工

业化，包括 18 世纪英国的产业革命，这是其一。其二，中国
20 世纪 80 年代初开始的大规模工业化就是从农区开始的，
所谓的苏南模式、温州模式不都是农区工业发展的模式么？
现在已成珠三角核心工业区的东莞市 30 年前还是典型的农业
大县，为什么现在尚未实现工业化的农区就不能搞工业化了
呢？其三，也是最重要的，工业化是一个社会现代化的过程，
而社会的核心是人，所以工业化的核心问题是人的现代化，
一个区域只有经过工业化的洗礼，这个区域的人才能由传统
向现代转化，你不允许传统农区搞工业化，那不就意味着你
不允许此类地区的人进入现代人的序列么？这无论如何也是
说不过去的。当然，我们也知道，那些反对农区搞工业化的
专家是从产业的区域分工格局来讨论问题的，但是要知道，
这样的区域分工格局要经过工业化的洗礼才会形成，而不能
通过阻止某一区域的工业化而人为地将其固化为某一特定产
业区域类型。其四，反对农区工业化的人往往曲解了农区工
业化的丰富内涵，似乎农区工业化就是在农田里建工厂。其
实，农区工业化即使包含着在农区建工厂的内容，那也是指
在更广大的农区的某些空间点上建工厂，并不意味着所有农
田都要变成工厂，也就是说，农区工业化并不意味着一定会
损害乃至替代农业的发展。农区工业化最重要的意义是将占
人口比例最大的农民卷入社会现代化潮流。不能将传统农区
农民这一占人口比例最大的群体排除在中国社会的现代化进
程之外，这是我们关于工业化和社会发展的基本认识，也是

我们高度重视传统农区工业化问题的基本原因之一。

二是对工业化发生及文明转换原因和秩序的认识。从全球的角度看，现代工业和社会转型的起点在英国。过去我们有一种主流的、被不断强化的认识，即中国社会历史发展的逻辑进程与其他地方——比如说欧洲应该是一样的，也要由封建社会进入资本主义社会，虽然某一社会发展阶段的时间起点不一定完全一致。于是就有了资本主义萌芽说，即中国早在明清乃至宋代就有了资本主义萌芽，且迟早要长出资本主义的大树。这种观点用另一种语言来表述就是：即使没有欧洲的影响，中国也会爆发产业革命，发展出现代工业体系。近年来，随着对该问题研究的深入，提出并试图回答类似"李约瑟之谜"的下述问题越来越让人们感兴趣，即在现代化开启之前的1000多年中，中国科学技术都走在世界前列，为什么现代化开启以来的最近500年，中国却远远落在了西方的后面？与工业革命联系起来，这个问题自然就转换为：为什么产业革命爆发于欧洲而不是中国？虽然讨论仍如火如荼，然而一个无可争议的事实是：中国的确没有爆发产业革命，中国的现代工业是由西方输入的，或者说是从西方学的。这一事实决定了中国工业化的空间秩序必然从受西方工业文明影响最早的沿海地区逐渐向内陆地区推进，不管是19世纪下半叶洋务运动开启的旧的工业化，还是20世纪80年代开启的新一轮工业化，都不例外。现代工业诞生的基础和工业化在中国演变的这一空间秩序，意味着外来的现代工业生产方式和与此相应的经济社会结构在替代中国固有的传统农业生产方式和相应的经济社会结构的过程中，一定包含着前者对后者的改造和剧烈的冲突。而传统农耕文明历史最久、经济社会乃至文化结构积淀最深的传统农区，一定也是现代工业化难度最大、遇到障碍最多的区域。所以，将传统农区工业化进程作为研究对象，或许更容易发现两种不同文明结构的差异及冲突、改造、替代的本质和规律，从而使得该项研究更具理论和思想价值。

三是对我们所处的研究工作环境和知识积累的认识。我们中的很多人都来自农民家庭，我自己甚至有一段当农民的经历，我们工作的河南省又是全国第一人口大省和第一农民大省，截至 2008 年末，其城市化率也才不到 40%，也就是说，在将近 1 亿人口中，有近 7000 万人是农民，所以，我们对农民、农业、农村的情况非常熟悉，研究农区问题，我们最容易获得第一手资料。同时，我们这些土生土长的农区人，对该区域的现代化进程最为关注，也有着最为强烈的社会责任感，因此，研究农区问题我们最有动力。还有，在众多的不断变化的热点经济社会问题吸引相当多有抱负的经济学人的情况下，对事关整个中国现代化进程的传统农区工业化和社会转型问题进行一些深入思考可能是我们的比较优势。

我个人将研究兴趣聚焦到农区工业化上来始于 20 世纪90 年代中期，进入 21 世纪以来，该项研究占了我越来越多的精力和时间。随着实地调查机会的增多，进入视野的令人感兴趣的问题也越来越多。与该项研究相关的国家社科基金重点项目、一般项目以及教育部基地重大项目的相继立项，使研究的压力也越来越大。值得欣慰的是，该项研究的意义越来越为更多的学者和博士生及博士后研究人员所认可，研究队伍也越来越大，展开的面也越来越宽，研究的问题也越来越深入和具体。尤其值得一提的是日本大学的村上直树教授，他以其丰厚的学识和先进的研究方法，将中国中原地区的工业化作为自己重要的研究方向，且已经取得了重要进展，并打算与我们长期合作，这给了我们很大的鼓舞。

总之，研究对象与研究领域已经初步锁定，研究队伍已聚集起来，课题研究平台在不断拓展，若干研究也有了相应的进展。今后，我们要做的是对相关的研究方向和研究课题做进一步的提炼，对研究队伍进行优化整合，对文献进行更系统的批判和梳理，做更多的实地调查，力争从多角度来回答若干重要问题，比如：在传统农业基础上工业化发生、发育的基础和条件是什么？工业化究竟能不能在传统农业的基础上内生？外部的因素对传统农区工业化的推进究竟起着什么样的作用？从创业者和企业的行为方式看，工业企业成长和空间演进的轨迹是怎样的？在工业化背景下，农户的行为方式会发生怎样的变化，这种变化对工业化进程又会产生怎样的影响？县、乡等基层政府在工业化进程中究竟应该扮演何种角色？人口流动的方向、方式和人口居住空间结构调整演进的基本趋势是什么？这是一系列颇具争议但又很有研讨价值的问题。我们将尝试弄清楚随着工业化的推进，传统农业和乡村文明的经济社会结构逐步被破坏、被改造、被替代，以及与现代工业和城市文明相适应的经济社会结构逐步形成的整个过程。

按照目前的打算，今后相当长一个时期内，我们的研究都不可能离开传统农区工业化与社会转型这一领域，我们也期望近期在若干主要专题上能有所突破，并取得相应的研究成果。为了将所有相关成果聚集到一起，以便让读者了解到我们所研究问题的全貌，我们决定编辑出版"传统农区工业化与社会转型丛书"。我们希望，随着研究的推进，每年能拿出三到五本书的相关成果，经过3～5年，能形成十几乃至二十本书的丛书规模。

感谢原社会科学文献出版社总编辑邹东涛教授，感谢该社皮书出版分社的邓泳红，以及所有参与编辑该套丛书的人员，是他们敏锐的洞察力、强烈的社会责任感、极大的工作热情和一丝不苟的敬业精神，促成了该套丛书的迅速立项，并使出版工作得以顺利推进。

耿明斋

2009 年 6 月 14 日

目 录

Contents

第一章　导论

　　从全球视野来看，现代工业首先是在一个空间点孕育发展然后逐步扩展到外围地区的。现代工业从原生地（发达地区）向次生地（欠发达地区）的逐步扩展无非是通过两种途径来实现的：一是产业搬迁，即生产企业的全部或部分从原生地搬迁到次生地，一般会包含着资本、设备、技术、生产组织和管理模式的转移；二是技术扩散，即源于原生地的现代工业技术通过掌握技术的人员、出版物等各种技术信息载体扩散到次生地，促使次生地生发出现代工业。前一种途径实际上属于现在人们所说的产业转移，后一种途径虽然可以依赖次生地传统农业剩余转换为工业资本，也可以依赖本地人员的学习掌握现代工业技术，从而不必依赖原生地资本的流入，但无论通过何种方式，现代工业生产技术和生产组织

1

形式一定是从原生地移入的，因而也包含着产业转移的因素。所以，从广泛的意义上说，次生地的工业化源于原生地产业的向外转移，或者说是由产业转移来推动的。

早在中世纪晚期，欧洲就记录了人类历史上第一次大规模的纺织业区际转移，即毛纺业与亚麻纺织业先后从南欧的意大利北部转移到北欧的低地国家，再到英格兰，并在英格兰过渡到棉纺织业，从而引发了产业革命。进入工业化时代之后，钢铁、棉纺织业同样经历了由英国向法国、美国、德国等后起工业化国家的转移过程。二战以后，全球发生了更大规模的产业转移。20世纪80年代以来我国沿海地区工业化的快速发展也得益于欧美日等发达经济体以及韩国、中国台湾、中国香港、新加坡等所谓"亚洲四小龙"国家和地区产业向珠三角、长三角和京津冀地区的转移。进入21世纪以来，随着东部地区经济发展水平的不断提升，中西部地区与东部之间的差距明显拉大。区域之间发展严重的不均衡和居民收入差距的持续拉大引发了一系列的社会矛盾，事实上也已经开始危及整个中国经济的长期持续稳定增长态势。所以，进入21世纪以来，中央先后出台了西部大开发、振兴东北老工业基地和中部崛起等一系列旨在促进中西部地区快速发展的举措。

随着经济发展水平的上升，沿海地区土地、劳动力等要素成本也日益提升，大量劳动密集型甚至资本密集和低附加值的产品及产业已无法在当地立足，这些地区产业升级和产业向外转移的压力越来越大，紧迫感越来越强。全球性经济危机的蔓延所导致的国际市场萎缩和贸易保护主义抬头，更是加剧了这种压力和紧迫性。中国经济发展模式由外需驱动到内需、外需均衡发展的时代已经来临。仅仅从产业扩张的角度来说，把产业转移到中西部腹地就具有必要性和可行性。东部沿海的一些企业为了更接近和融入内地市场，已经开始了自觉的产业转移行动。

事实上，近年来如何促进产业向中西部地区转移以及中西部地区如何承接产业转移一直是国家领导人和各级政府关注的问题。时任总书记的胡锦涛和总理温家宝在参与 2006 年12 月 5 日至 7 日的中央经济工作会议时指出："坚持落实区域发展总体战略，推进城镇化健康发展。要健全全国统一市场……落实促进中部崛起的政策，支持中部地区承接东部地区和境外的产业转移。"国家"十一五"规划纲要指出："鼓励健全市场机制，打破行政区划的局限，促进生产要素在区域间自由流动，引导产业转移……发达地区要采取对口支援、社会捐助等方式帮扶欠发达地区。"2007 年，为促进区域协调发展，支持中西部承接产业转移，商务部和国家开发银行联合发布了《商务部、国家开发银行关于支持中西部地区承接加工贸易梯度转移工作的意见》。经国务院批准，国家发改委、商务部联合发布了自 2009 年 1 月 1 日起施行的《中西部地区外商投资优势产业目录（2008 年修订）》。2009 年 3月 5 日，温家宝在第十一届全国人民代表大会第二次会议上指出："进一步支持中西部和东北地区加强薄弱环节……抓紧研究制定中西部地区承接产业转移的具体政策。"随着中央相关政策的陆续发布，各地方政府也开始重视产业转移，如2008年3月四川省委省政府出台了《关于加快推进承接产业转移工作的意见》；2009年3月7日，当时的安徽省委书记提出，通过积极承接沿海发达地区产业转移，带动中西部地区农村劳动力就业和返乡农民工创业，这项工作应该作为国家战略来实施；2009年9月7日，河南省委、省政府召开全省经济运行工作电视电话会，要求加快承接产业转移，并出台了一系列扶持鼓励政策。

上面的分析表明，产业转移既是次生工业化地区走上工业化道路的必经之路和一般规律，也是提升中西部地区的工业化水平、缩小区域之间发展差距、化解各种社会矛盾、保证整个中国经济长期持续稳定增长的内在要求，各种条件也都在日益成熟，产业转移已成风起云涌之势。在这种情况下，深入研究产业转移的基本规律，并在此基础上提出促进产业向中西部地区转移和中西部地区积极承接产业转移的政策措施就显得尤为重要。

第二节　关于产业转移的研究评述

如前所述，现代工业由原生地向次生地扩散有两条途径或两种方式，伴随资本流动的搬迁式和不包含资本流动的技术溢出式。广义上说,这两种方式实现的现代工业拓展都属于产业转移的范畴,但很多时候为了分析方便,人们也从狭义的角度,即伴随资本流动的搬迁角度来使用产业转移的概念。"产业转移"的广义概念是指现代经济发展在空间上的扩散,即随着欠发达地区与发达地区之间各种交流的增加,欠发达地区出现了各种现代产业扩张的结果,当然这些产业的发展,既可能是发达地区企业搬迁过来的结果,也有可能是本地企业生长壮大的结果,关于这些产业转移的研究,经济史与新制度经济学中有大量的文献。"产业转移"的狭义概念,是指与资本流动密切相关的企业及企业集群的迁移,并且现有的文献大多是从 FDI、资本流动与产业结构变动的角度进行讨论的。由于本课题关心的是中西部欠发达地区的经济发展问题,因此将会对两种类型的产业转移都予以关注。

一 有关产业转移的传统理论

针对早期产业转移的经验,研究者主要根据要素禀赋的差异与比较优势理论进行讨论,提出了产业梯度转移理论。他们指出,由于国家、地区间经济发展水平、技术水平和生产要素禀赋的不同,形成了各国或地区间在产业结构层次上的阶梯状差异,并按高低不同呈阶梯状排列。由于这种产业梯度的存在以及各国或地区产业结构不断升级的需要,产业在国家间、地区间是梯度转移的,一国或地区相对落后或不再具有比较优势的产业可以转移到其他与该国(地区)存在产业梯度的国家或地区，成为其他国家（地区）相对先进或具有相对比较优势的产业，从而提高吸收方的产业结构层次与水平，这就是产业结构在国家间、地区间的梯度转移规律。学者们指出，这种产业转移对于双方都有利，是产业转移方和被转移方"双赢"的良性转移。根据大卫·李嘉图的比较优势理论，产业的区域比较优势是指某个产业在本地区进行生产经营活动的机会成本相对较低，而中西部地区的产业比较优势正是吸引沿海地区产业转移的经济合理性所在。沿海地区的劳动密集型制造业向中西部地区转移，不仅有利于促进东部地区的现代化升级改造，而且将带动中西部地区相关产业的发展，形成新的产业集群和区域经济腾飞格局，使中国的社会经济发展趋于平衡，有利于我国中长期发展规划与现代化战略的实现。

梯度转移理论，源于弗农（Vernon，1966）提出的工业生产的产品生命周期理论。该理论认为，工业各部门及各种工业产品，都处于生命周期的不同发展阶段，即经历创新、发展、成熟、衰退等四个阶段。当发达国家与地区的产业发展进入成熟期之后，随着生产技术的普及，位于发达地区的该产业将逐渐失去竞争优势，资本将逐渐转移至欠发达地区寻求成本低廉的发展机会，原有地区的该产业将逐步衰退并最终退出竞争，该产业就完成了空间区位上的转移。此后，威尔斯和赫希哲等对该理论进行了验证，并做了充实和发展。区域经济学家将这一理论引入区域经济学中，便产生了区域经济发展梯度转移理论（王莹，2008）。

此外，日本学者赤松要（Akamatsu，K.，1962）也从后期工业国发展的角度讨论了战前日本的工业发展中产业转移的进程，并提出了类似的雁行经济发展模式（邹积亮，2007）。在此基础之上，日本学者小岛清以日本成熟产业的发展趋势为关注点，也根据李嘉图的比较优势理论和赫克歇尔－俄林的要素禀赋理论提出了"边际产业扩张论"，揭示了产业在国际转移的动因。而经济学家缪尔达尔则从区域经济发展规律的角度讨论产业演变在空间扩散过程中的动态规律，并提出了产业转移的极化、扩散、回程三种效应，它们共同制约着产业在地区分布方面的集中与扩散。

当然，所有这些理论主要侧重于国家层面的对比研究，对一国内部的产业转移关注较少，特别是像中国这样的大国内部的梯次发展与区域间产业转移更是少有论述。并且，所有这些有关产业转移规律的讨论，几乎都是从现代化产业本身的发展进程进行分析的，而对传统落后地区的经济发展进程很少给予关注。直到1954年5月《曼彻斯特学报》刊登了美国经济学家刘易斯的成名之作——《劳动力无限供给下的经济发展》，情况才有所改变。该文提出了著名的二元经济结构理论，研究了仅能维持生存的传统经济结构的变动规律。刘易斯认为，欠发达地区的工业化早期，存在两个相互独立又相互联系的经济部门，一个是市场导向和技术先进的现代产业部门，一个是落后的传统经济部门。传统经济部门劳动力大量过剩，并以隐性失业形式存在，可以为现代产业部门的扩张提供不断的劳动力供应。由于劳动力无限供给的能力，落后地区的劳动力成本得以长期保持较低的水平，从而使劳动密集型产业向落后地区的转移成为一种规律。随着该地区产业发展与工业化过程的完成，劳动力成本逐渐上升，劳动密集型产业又会寻找新的落后地区，并进行新的产业转移。在这个产业转移的过程中，落后地区一个接着一个成功地实现了工业化的转型。

二 有关产业转移的最新进展与国内外研究文献

事实上，在国际范围内，产业转移确实都是从劳动密集型产业开始的，然后再逐步向资本技术密集型的产业过渡（吕政、杨丹辉，2006）。产业转移的主体是从发达国家到次发达国家，再到发展中国家。然而，传统的学者从这个角度进行的深入研究却并不多见，关心落后地区劳动力转移与产业转移关系的承接地政府的政策导向也鲜有所闻，并且在讨论中，人们从经济发展水平、市场、规模经济、产业集聚、比较优势、综合成本等经济因素考虑较多，而从制度创新、政府职能、体制转型、社会文化、决策者行为等角度进行的研究较少（李松志、刘叶飚，2007）。特别是，大部分的产业转移理论都将企业行为作为"黑箱"来处理，缺乏坚实的微观基础。只有以 Simon（1955）等为代表的"企业迁移行为理论"关注企业迁移的区位推力与拉力的共同作用，并考虑了企业迁移的外部原因，从而把区位的市场贴近度、空间结构、劳动力价格、环境适宜度、房地产价格等考虑在内，"新制度企业迁移理论"甚至考虑了当地的政府声誉、政府政策、基础设施服务质量、社会文化与价值观对产业发展的影响（马子红，2008）。

近年来产业转移研究的视角已经开始从传统的发达国家向发展中国家转向了全球。部分学者以产业链为纽带来分析国际分工体系中各个工序在地区间的分布与布局，特别是对发展中国家内部各地区之间的转移与分工给予关注，研究产业从生产领域转向服务业与研发领域，研究方法也从宏观统计数据分析转向大面积抽样调查与具体案例分析（汪斌、赵张耀，2003）。由克鲁格曼引领的新经济地理学的发展甚至从产业地理区位的角度进行了研究，通过对产业聚集的形成、发展与消亡过程的分析，较完整地解释了相关产业进入与离开某一地理区位的过程，由于该解释不涉及国家界限对产业转移的影响，因而更适宜对一国内部产业转移的研究。

美国学者基维奇（Peter Gourevitch，2000）通过对计算机硬盘驱动器产业的研究表明，要素成本、集聚经济效应、政府公共政策是国际产业转移的三个动因。还有一些学者如 Cantwell、Wesson、Dunning、Florida、Kuemmerle 发现，为了获得知识和人才而向大学和国家实验室靠近是产业转移的另一诱因。Ettore Bolisani 通过对世界服装行业的布点状况的分析，发现了工序间国际产业转移的四个动因：资源动因、市场动因、效率动因与战略动因。同样的分析结果也出现在 Maccarthy（2003）的论文中（龚雪、高长春，2009）。中国学者陈建军（2002）结合浙江 105 家企业的问卷调查报告，研究了我国东部地区现阶段产业区域转移现象，认为导致企业进行产业转移决策的主要因素分为两类：市场扩张因素和资源利用因素。戴宏伟（2007）也认识到，随着产业竞争的加剧，发达地区的产业也会为了抢占市场的目的而向落后但拥有巨大市场潜力的地区转移，家电、汽车等资本技术密集型产业的扩散与转移就是这个原因。

国内学者的研究走在最前沿的是范剑勇（2002，2004）、杨丙见（2002）、陈建军（2002）。范剑勇、杨丙见（2002）通过对美国经验的分析，表明欠发达地区内部城市化的发展、交通设施的改善是产业转移的重要前提与条件。作者不同意供给增长型的现代化、工业化发展思路，认为美国中西部现代化产业的发展是市场拉动的结果，城市化为中西部地区市场的扩张提供依赖市场的人口基础，后者为地区内市场的深化与扩张提供成本降低的条件。该研究为我国中西部地区通过承接产业实现现代化、工业化指明了方向，但对我国的中西部地区来说，仅将人口集中在城市、完善基础设施是远远不够的。居住在城市里的人口需要割断自给自足的生活来源，市场的扩张还需要交易成本的全方位降低，而不只是交通成本。而在随后的研究中，范剑勇（2004）又进一步指出，国内市场一体化水平低于沿海地区与国际市场之间的一体化水平，严重影响了东部地区产业向中西部地区的转移。本课题的研究将表明，中西部地区的政府未能积极提供市场经济发展需要的公共产品以及各种市场经济发展需要的条件，是国内市场一体化水平较低的主要原因。而张孝峰、陈建军分别从产业转移承接地与产业转出地的角度对企业进行实证分析，验证了范剑勇进行的国际经验研究，中国东部的企业在向中西部转移时主要关心的恰恰是需求拉动方的市场因素，在选择区位时明显对转入地的政府服务与基础设施等市场扩展条件十分关心，确实正如波兰尼（2007）所言，"西欧国内市场实际上是由国家干预所创造的"。

三　国内外产业转移政策实践效果研究

（一）国外产业转移政策内容及实施效果

国外对产业转移政策的研究始于 20 世纪 60 年代，针对此次产业转移，一些学者研究英国产业如何从国内发达地区转向发展中区域。Beacham 的调查表明大部分企业在经过优劣势分析后都愿意停留在原地或是就近发展，然而产业政策的制定却令一些企业不可避免地进行长距离搬迁，也就是说如果没有政策存在，迁移将明显受到限制。政府推动产业向西部边缘地区移动的政策放松时，产业转移的数量减少了。英国20世纪五六十年代产业转移政策的典型案例是产业发展控制：产业规模已经超出最低限制的企业想进一步扩张必须要获得产业发展资格（IDC）。产业部门可能会拒绝颁发给企业扩张发展许可，企业就转向在发展中区域提出扩张要求，也就是在发展中地区建立新的生产点，因此 IDC 政策对迁移具有直接效应，结果表示发达地区 IDC 的控制越严格，就会有更多的企业转移至发展中地区。在相似的政策环境下，产业流入发达地区的模式和流入发展中地区的模式存在很大差异，发达地区在实施政策的前中后期流入企业相对平稳，而发展中区域则出现了显著变化。英国在 1963 年前单独使用资格限制政策，1963年后又加入了差异性投资激励和雇用津贴政策，关于各类政策实施的结果，Moore 通过实证检验资格限制政策对产业转移的影响最为显著，其次是投资刺激政策，雇用补贴政策。雇用补贴政策更多是增加或保护现存的发展中地区的就业，而不是促进产业向该地区转移。Ashcroft 用统计未实施产业政策的区域发生实际转移的企业数量来衡量政策效果，结果显示激励和控制政策对英国1961～1971 年的制造业转移都起了显著作用，同 Moore 的结论具有一致性，区域控制政策（IDC）对产业的地域变化有显著作用，投资刺激也推动了企业转向发展中地区，劳动力补贴政策带有一定程度的不确定性。英国 1961～1971 年大约 40% 转移到发展中区域的企业是受到产业转移政策直接影响，共转出了 500 个企业，创造了 9 万个工作岗位。企业区位决策也是研究的重点领域，目前研究企业区位决策的结果表明聚集外部性具有显著效应，同样存在针对政策效果的实证研究。

Griffith 发现企业税收收入对企业选择定位于哪个国家有显著作用。Brouwer 等的研究发现：政府授权许可对吸引企业落脚于一个地方的影响有限，补贴政策在地方采取反补贴和优惠措施的情况下也会面临较小的吸引力。Charney 研究决定大都市制造企业迁移的因素，发现主要因素是财产税率，收入税的影响作用并不大。Lee 依据美国制造业就业数据，发现 1972～1992 年激励政策对产业转移收效甚微，产业转移对就业影响也不明显。Burns 指出产业垂直移动（从城市中心向郊区的空间转移）主要是由于更低的生产成本导致的，而水平空间移动（城市间的转移）则更多体现为集聚经济的效力。Newman 和 Topel 用数据描绘了经济活动的空间迁移轨迹，发现产业转移将造成企业和产业区的空间变动，需制定更为适合的产业和空间政策。Susana Peraltaa 研究产业转移区域间税收协调政策发现，实行差异化征税政策比单纯最小化税收政策更为有效。Rechard Baldwin 等指出基础设施建设和区域技术溢出政策有利于提高区域经济竞争力，实现区域间协调发展，同时需消除制度障碍，引进创新因素。

（二）国内产业转移实践及政策研究

1. 国内产业转移特点与趋势研究

国内东部沿海发达地区产业向外转移从地理位置上遵循由近到远的规律，转移点首先是省内偏远和不发达地区，随着交通设施便利化程度的提高，区域之间劳动力成本差异的进一步凸显，产业逐渐向更远的中西部省份转移，中部地区由于地理位置相对临近、交通更加方便，在承接产业转移方面更具优势。西部部分省份在科技、产业基础、对外贸易方面存在优势，也成为承接产业转移的聚集区。从部门扩张的角度看，企业经济活动的转移最初是销售机构，然后是生产制造工厂，最后是研究与开发机构和公司总部的转移，产业转移会对企业、转入区、转出区产生不同的影响（魏后凯，2003）。桑瑞聪、刘志彪（2014）对产业转移的实证研究表明：在行业分布上，产业转移大致按照"劳动密集型—资本和资源密集型—技术密集型"的方向进行；在地区选择上，产业转移沿着"东部沿海地区—中西部地区—海外地区"的顺序梯度进行；要素成本、区位环境和制度环境因素是产业转移的重要影响因素。产业转移为企业带来的新的发展机遇，客观上带动了第三产业的发展，促使资本和高技术行业的迅速增长，导致出口结构逐步升级，体现了转向控制价值链、占据高附加值环节的产业升级过程（陈羽、邝国良，2010）。而且随着全球知识经济的推进，产业转移的层次将进一步提高。

中西部产业转移过程基本依据各地比较优势，最大限度地发挥产业承接地的地域特点。例如河南是人口和农业大省，因此成为纺织、机械、食品加工等劳动密集型产业的主要承接地，西部一些省份如陕西、四川科技资源相对丰富，部分技术密集型产业跨越中部地区转向西部。针对具体区域而言产业转移存在布局不均衡的特点，转移企业大多聚集在交通、通信、金融服务完善的大中城市，例如河南省有80%的产业落户郑州，其他省份如湖北、广西、山西也存在类似状况，这种转移方式对于缓解大城市病，实现区域均衡发展存在不利影响，应当受到产业承接地的广泛重视。为实现基础设施共享，促进产业聚集，承接地政府推动建设各种类型的产业园区，产业园区能够有效节约土地、水、能源资源，园区内企业之间相互联系促进了技术溢出和创新，成为产业承接较为成功的示范。此外一些实力强、产业关联度高的产业出现链式转移的新趋势，即某一类产业及关联产业整体转移，延续之前的生产经营模式。一些学者讨论了产业链式转移的利弊，认为其优点在于上下游配套产业整体转移降低了企业的转移风险，能够快速投入生产销售中，成形的企业网络结构、熟悉的产业环境能够节省交易成本、促进人员往来。弊端在于同当地产业关联度低，对经济带动作用有限，且企业一旦转出面临产业空心化的危险。

2. 产业转移政策方向总结

我国东部地区产业在向中西部地区转移的过程中，转入区政府为吸引区外投资、推动区内就业和产业结构升级，实施了一系列的政策方案，其中既包括鼓励型的，如税收、土地优惠政策、创新奖励机制、劳动力培训计划等，也包括限制型政策，如设置准入行业清单、生态保护条例等。众多学者在对产业转移进行实践调查分析后，提出有针对性的政策建议，魏后凯（2003）主张政府采取综合政策措施，包括制定战略规划，对地方政府政绩考核应体现差别化，对到中西部投资的沿海企业给予土地、财政贴息和税收刺激等政策优惠，引导产业转移。傅允生提出在我国政府主导型经济中，各级政府有必要参与产业转移的推动、规划与协调工作。要尽早筹划扶持政策与支持措施，加强与转入区地方政府进行产业转移的联系和沟通工作，建立产业转移政府间联系渠道与协调机制。另有从政府博弈的角度出发，提出产业转入区政府应成为产业承接的调控者、产业承接的环境营造者和产业承接力的打造者的观点。在调控方面，要加强规划引导、政策诱导和生态环境安全的自我保护（吴国萍、张鑫，2009）。

有效产业转移政策的实施能够对产业合理化转移、产业结构升级起到正向促进作用，产业转移政策也因为产业特点、区域经济水平、制度环境等的差异需要采取差异化的方法，政策实施重点及途径反过来显著影响政策效果。一些学者通过构建模型检验政策的影响度，例如 Dunning 在引入制度扩展的 OLI 模型中，强调区域制度、东道国政府的投资促进政策、产业转移双方的双边投资协调的影响和作用，认为政府的促进政策越强，越有利于国际产业转移。杨本建、毛艳华分析政府政策对企业迁移行为的影响，发现了政策对异质性企业具有选择效应：那些投资规模大或用地面积大的企业更容易受政策的影响；相对于部分迁移的企业，整体迁移的企业更容易受政策的影响；政策对珠三角地区中小型企业的迁移影响有限，在制定政策时必须考虑不同类型企业的迁移行为差异。魏玮、毕超以中西部食品制造业区位选择的实证研究表明，集聚效应存在逐渐超过竞争效应的趋势，劳动力素质存在长期影响，政策因素仅对中西部地区迁移的企业有显著影响。李琴、朱农研究广东省产业转移背景下农民工就业与工资差异时发现，素质更高的农民工倾向于在转出地就业，转出地和转入地农民工工资之间存在显著差异，转出地农民教育回报率高于产业承接地。产业转移过程中的环境影响也受到学者们的广泛关注，豆建民、沈艳兵利用我国中部地区山西、安徽、江西、河南、湖北和湖南六个省份 2000～2010年的面板数据，分析了中部地区污染密集型产业的转入情况，并进一步实证检验了这种产业转移对中部地区污染转移的影响。魏玮、毕超通过构建污染避难所效应的理论模型和Poisson 模型证实了我国区域产业转移中存在污染避难所效应，提出政府应加强环境规制，防止随着产业转移而发生污染转移。2004 年以后，也就是中部崛起战略实施后，各种污染密集型产业向中部转移的趋势越来越明显。有色金属矿采选业、非金属矿采选业、农副食品加工业对环境的影响最为显著。

学者们在实证和案例分析的基础上，对不同地区的产业转移提出针对性政策建议：加强区域之间的沟通协作，促进转入产业集群化，设定重点承接产业，完善相关税收分成机制等，同时也强调了政策实施的主体及政策实施方法等问题。例如刘素指出，转入区政府采取直接干预的政策导向，在缺乏市场制衡以及法制监管的情况下，与政绩挂钩的政府参与区域产业转移可能会扼杀市场的自然淘汰机制，从而阻碍产业转型升级。蒋国政等（2011）提出"精品园区＋核心企业＋直接融资＋金融助推"的产业承接模式，认为政策支持和金融资源配置是影响承接力和产业结构优化升级的重要因素，对待处于不同生命周期的产业转移应各有侧重。昝国江等（2010）认为西部地区应当通过产业集中布局、集群发展促进化学工业、资源开采业、农副市场加工业、装备制造业等产业转移示范基地的建设，并提出承接国际国内产业转移，促使西部地区特色优势产业发展的对策。

产业政策需要在产业转移阶段实施，同时产业成长作为一个动态发展的过程，必须存在持续的外部环境构建，转入产业良好的产业环境营造是转入区政府的首要任务，也是政府服务职能在推动产业发展方面的具体体现。基础设施、公共服务、法律制度建设与完善是产业持续发展的必要保障，优良的创新环境、生态环境是产业升级改造、保持竞争优势必不可少的因素，以往学者也对产业环境建设进行了研究：彭连清主张依据各区域产业结构特征，建立相关利益协调机制，着重营造产业区域转移环境并科学选择转移企业类型；谢丽霜、陈颖认为，地方政府在区域产业转移中主要发挥引导和服务作用，避免对企业投资行为和迁移决策的直接干预。具体而言，包括完善基础设施、改善公共服务、科学规划产业发展方向、加快区域市场一体化建设、建立有利于自主创新的激励机制、加强人力资源培训和强化地方政府的公共生态责任。生态环境具备突出的外部性，在以市场为主导的资源配置过程中必然出现低效率的现象，需要政府发挥宏观调控作用，保障产业转移的同时环境不受到破坏。把握好技术和市场准入门槛，完善环境经济政策，营造良好投资环境，吸引优质产业转移项目等措施来防范产业转移带来的环境风险。

第三节　研究思路与框架

首先，探索产业转移的基本规律。以 18 世纪下半叶爆发的产业革命为时间起点，以英国为空间原点，现代工业以及由现代工业所引发的一系列经济、社会乃至文化结构现代化过程逐步向全球各个角落拓展。其拓展的基本路径和核心内容是伴随资本流动的产业搬迁和依托次生地传统产业剩余积累的技术扩散，其拓展的动力源泉是增量市场的占有欲望和同一产品在原生地和次生地之间的成本落差和利润最大化诱惑。有史以来世界上所有次生工业化地区都是循此规律走上工业化发展道路的。

其次，提出研究中西部地区承接产业转移问题的必要性。中国沿海是中国距离现代工业原生地最近或更确切地说是受原生地现代工业影响最早、最便捷和最深的地区，因此也是中国通过原生地的产业转移和技术扩散而最先走上工业化发展的区域。按照现代工业的区域传播规律，下一波自然就该轮到中西部地区通过承接原生地以及沿海地区产业转移和技术扩散走上工业化发展道路了。东部与中西部发展水平的巨大落差所引发的一系列社会矛盾，以及金融危机冲击导致的国际市场萎缩和中国过分依赖外需增长向内外需兼顾增长方式的转换，更加剧了中西部地区通过承接产业转移尽快走上工业化道路和提升工业化水平的紧迫性。

再次，根据产业转移演变的规律和中西部地区承接产业转移的动因及必要性，通过实证分析的方法，以河南省为例探索了中西部地区承接产业转移的能力及实际发展情况。通过中西部地区承接产业转移的典型案例，了解了目前产业转移承接现状及承接过程中遇到的问题，明确了相关产业今后在承接产业转移政策方面的方向。同时，还通过对比中西部地区不同省份出台的促进承接产业转移的政策，研究不同省份承接产业转移的发展状况及这些政策真实发挥的效果，对中西部地区承接产业转移政策进行了综合评述。还站在环境的角度，分析了承接产业转移对当地环境的影响。最后在文献梳理的基础上提出研究的切入和重点并给出相应的政策措施建议。

第四节　创新与不足

项目重点研究了产业集群作为产业承接主要载体的重要意义，提出产业集群对产业分工与联系的促进带动作用，产业集群所产生的溢出效应是吸引产业转入的关键因素。并进一步研究政府如何通过政策制定和环境建设推动产业集聚与产业园区的良性健康发展，用案例分析和统计分析的方法研究了产业集群对地方的依赖性，讨论了这种依赖性对产业成长的正负两方面作用，提出短期内产业集群嵌入并同周边经济社会发生联系，长期内将成为全球价值链的一环，参与国际分工和贸易才会具有更强竞争力。本项目清晰地梳理了产业集群建立、成长、发展整个过程的特点与规律，从理论和实践的角度识别了产业集群各个阶段的关键要素，是对产业集群生态系统的创新性研究，成为其他产业集聚和产业园区研究的有益参考，从介入时间、介入领域、传导机制等方面为产业集群政策制定提供参考借鉴。

在中西部众多省份积极出台政策承接产业转移的同时，研究怎样发挥地域特色、实现产业转移同地域资源的适配性，从而推动整体范围内资源优化配置是必不可少的。本项目在调查分析各地优势条件的基础上，结合各类产业的具体特点和需求，分析如何实行差异化政策推动产业向更加有利于自身发展的区域转移。采用熵值法、回归分析法等进行了量化研究，检验产业、技术、交通、劳动力等各因素在产业转移中的具体作用。从产业转出地和产业承接地双向互动的角度，研究产业梯度差对产业转移的影响，各类产业在什么水平的梯度差下最适宜进行转移。本项目首次将资源的适配性、产业转移梯度与转移时机引入产业转移研究领域，是对当前产业转移研究中重理论分析而较少实证研究的有益补充。

项目研究者对国内外各层面产业转移政策进行了总结梳理，对比分析了产业资格许可政策、财政政策、土地政策、金融政策在各地区的制定实施情况，借助文献资料及对转移产业集聚区的实地访谈，了解到各类政策的实施进度、实践中存在的问题，分析了政策之间的相互作用机制并从调整创新的角度提出各项政策需要进一步改动的方向。同时，研究团队以产业转移过程中的产城融合为重要切入点，研究了产业转移与聚集对城市发展的带动作用，产业园区衍生的交通物流、产品消费、设施建设对于完善城市功能、提高城市辐射力的影响机制。相反，城市层级的提高、软件环境的优化完善对于吸引产业转移也具有不可忽视的作用。项目研究者从促进要素集聚、增强地域资源同产业引进相协同的角度，分析如何进行产业选择、配套设施和产业建设以实现城市和产业相互融合、良性发展。提出了当前普遍存在的土地城镇化快于人口城镇化、城市房屋设施集中而缺乏对人流的汇聚效应的问题，认为在产业转移过程中需要注重产业生产与相关的生活服务设施相配套，构建职住平衡、产业与城市相融合的"三化共进"的发展格局。这是对国内现存较少的研究产业转移和城市化相互关系的有益补充。项目研究能够促进管理和研究部门在当前产业格局快速变化、产业全球化转移的背景下，思考如何通过政策和市场手段推进产业同社会的有机融合，更广范围内的资源优化配置。项目研究团队以河南省各转移产业承接聚集区为重点，通过对郑州电子产业园、临颍食品产业园、民权制冷家电产业园、方城轴承产业园的实地调研，了解了各转移产业到河南后享受的优惠政策和政府给予的各项服务，产业园中企业在新的市场环境下面临的主要问题及解决方案，例如当前较为普遍存在的资金短缺，企业占地面积过大引起的园区整体上松散和土地浪费，某些地方政府重前期引资而轻后期维护，转移产业同地方关联性不够、项目引进质量不高、企业转移不久后就倒闭的问题，本项目研究者以增强转移产业可持续性和竞争力，提高转移产业对地方经济带动作用为目的，分析了如何通过政策调整、环境改善以及劳动力素质提高等增强产业转移行为的效果，首次从具体产业发展的角度进行实证案例分析，是对国内偏重于产业转移宏观机制研究的微观补充，

为河南省及中西部其他省份产业转移实践提供了有价值的
参考。

　　由于受限于调研范围，本项目研究侧重于河南本省而对
中西部其他省份缺乏足够的实地调研，对其他省份多以现有
的资料和数据分析为主。由于研究人员相对分散，研究方向
存在一定的差异，项目成果以论文和学术报告为主，相对缺
乏书籍专著的出版。

第二章 产业转移动因及组织管理机制

第一节 产业转移的演进状况

一 国际四次产业转移

产业转移同既定的经济社会背景相联系，产业转移的内容和特点也会因为历史环境的变化而产生一定的差异性。工业革命以来国际产业转移历程中有四次浪潮（见表2-1）。①第一次发生在第一次工业革命后期的18世纪末到19世纪初，产业转移的路径是从英国向欧洲大陆和美国转移，此次产业转移发挥了转入地的劳动力和自然资源条件优势，是世界工厂的第一次变迁，为美国第二次科技革命奠定了物质和技术基础。②第二次国际产业转移浪潮发生在第二次世界大战之后的20世纪50年代至60年代，产业转移的路径是从美国向日本和德国转移，美国重点将国内钢铁、纺织等传统行业向外转移，并借助第三次科技革命的优势大力发展集成电路、精密机械、精细化工等产业，推动了世界工厂的第二次变迁，由此也加速了日本和德国工业化进程。③第三次国际产业转移浪潮开始于20世纪70年代，产业转移发生的主要区域在东亚地区，转移方向是从日本到"亚洲四小龙"，受压力于国际石油危机和日元贬值，日本将制造业向其他亚洲国家转移，转移也具有一定的层次性，劳动密集型产业（纺织）—资本密集型产业（钢铁、化工、造船）—技术密集型产业（电子信息、汽车）。日本通过此次产业转移实现了由进口替代到出口导向的雁阵贸易方式，明显处于雁首的位置，并推动了"亚洲四小龙"的崛起。④第四次国际产业转移发端于20世纪90年代，延续至今，为突破境内市场狭小的限制，实现生产能力扩张的目标，美国、日本及"亚洲四小龙"将产业向中国境内和东盟四国转移，转移产业为纺织、机械、电子信息产业的中间制造环节，实现了中国内地制造业的迅速发展，带动了中国20多年的经济快速增长，为第四次科技革命和国际产业结构调整创造条件。历次产业转移多是以科技革命为契机，一方面生产制造业向外转移加强了资本与技术交流，发挥了产业承接地的资源优势，带动了承接地制造业的快速崛起，随着产业转移的逐次推进，世界工厂的位置也发生历次变迁；另一方面产业转出国多是以技术革命为背景，借助产业转移得以腾出空间进行技术创新和产业改造，实现跨越式发展。

表 2 - 1　四次国际产业转移

阶段	时间	转出	转入	产业	原因
第一次	18 世纪末到 19 世纪初	英国	美国和欧洲	钢铁、纺织	劳动力、自然资源优势
第二次	20 世纪 50 年代至 60 年代	美国	日本和西欧	机械制造	第二次科技革命，人力资源
第三次	20 世纪 70 年代	日本	亚洲四小龙和拉美国家	纺织、服装	国际石油危机，国内产业升级
第四次	20 世纪 90 年代至今	美国、日本亚洲四小龙	东盟和中国	纺织、机械制造	发展中国家劳动力和资源优势，推动国内产业升级

二　国内产业转移进程

（一）抗战时期（1937～1945 年）

抗战时期，我国生产力整体水平低下，工业产业门类不齐全，各地区之间分布失衡严重，工业产业大部分聚集在东部沿海的几个城市，中西部城市占比很小，加起来也不到全国总产值的 1/10。随着日本的入侵，东部城市先后沦陷，国民政府西迁内地，工业产业也随之内迁，逐渐转向重庆、昆明、西安和兰州等西北西南重镇，造就了当地短暂的经济繁荣。但是，在这种情况下，中西部地区的工业产值仍远远低于东部沿海地区水平，从历史上看，该时期的产业转移不能算是经济决策，转移的原因是外国入侵而非利润的最大化。整体上看，正是由于这次产业转移保留下的工业基础，才为抗战胜利及国统区经济发展创造了可能性条件。

（二）"大三线建设"时期（1964~1978 年）

新中国成立初期，为了从根本上改变旧中国不合理的工业布局，提升中西部经济发展水平，同时也是基于对当时恶劣的国际形势的判断，中央启动了"大三线"建设工程，将东部沿海的工业转移到西南和西北内陆地区，这也促成我国第二次产业大转移。据统计，1966~1975 年，内地建设投资高达 1591.55 亿元，占全国投资的半数还多，其中，大部分都投资在三线地区，投资额为 1173.41 亿元，占内地投资的 73.4%。然而，此次转移也非产业的主动转移，而是迫于战争的威胁由政府主导一次产业转移，这在一定程度上提高了中西部地区工业发展水平。

（三）西部大开发与中部崛起时期（2000 年至今）

2000 年以后，我国经济发展水平逐渐提高，综合国力不断增强。但东西部地区之间的经济水平差距越来越大，已经成为我国经济社会继续健康发展的关键制约难题。为了实现东西部地区协调发展，中央实施了西部大开发和中部崛起战略，以拉动中西部地区经济快速发展，政策的实施也再次促成了我国的产业转移。山西省在承接产业转移上做得尤为突出，该省通过"能博会""中博会""世界晋商大会"等洽谈活动，签约来自长三角、珠三角、天津、福建等发达地区的项目约 5200 个，资金引进 54478.4 亿元。河南在此方面做得也不错，特别是 2010 年以后，积极发展产业集聚区，优先承接高成长性产业、传统优势产业和先导产业，2010~2012

年，累计承接产业转移重点项目 3433 个，实际引进省外资金
4399 亿元。河南承接项目的主要来源地为珠三角、长三角、
环渤海三大经济区。安徽在承接产业转移方面也表现不错，
引进省外资金逐年增多，2007 年为 2180.9 亿元，2012 年为
5283.2 亿元，增长了 2.4 倍。承接的产业以新型化工业、装
备制造业、高新技术产业和现代物流业为主。资金来源地主
要集中于长三角地区、珠三角地区和福建等地。江西近几年
引用外资力度也越来越大，截至 2012 年，该省累计引进省外
5000 万元以上项目 2163 个，实际引用省外资金 5044.95 亿
元，比 2009 年增长了 2.4 倍，其中，省外资金主要来源于江
浙、广东、福建等地，资金份额占比高达 70% 以上。四川省
做得也不错，2010 年引进省外资金达到 5336.35 亿元，资金
主要来源于北京、浙江、上海、福建等地，目前，招商引资
已成为四川地区经济发展的重要引擎。西北地区，陕西省做
得不错，2005～2009 年，该省签订项目 6768 个，总投资
1.78 万亿元，实际到位资金 3763.67 亿元，在此基础上，
2011 年又上一个台阶，引进项目 2390 个，资金高达 2820 亿
元，比 2010 年增长 16.8%，该省承接的产业主要集中在制
造业、能源、基础设施等行业。

三 东部"腾笼换鸟"的升级需要推动产业转移

我国东部沿海地区经历了 30 多年的快速发展，然而从
21 世纪初开始随着我国人口红利的逐渐消失，老龄化趋势日

渐凸显，东部地区人力资源优势也随之减弱，企业招工难、招工贵成为普遍现象，与此同时由于东部制造业布局密集，资源型产业众多，环境问题成为影响区域可持续发展的重要因素。在这种情况下，东部地区迫切需要实现比较优势转换，走创新驱动的新道路，用技术革命和产业更新破除僵局、实现跨越式增长。因此出现了制造业集体外迁的现象，首先从东部地区核心城市向省内边缘地区迁移，2000 年以来，众多企业希望通过迁移重建比较优势，地域广阔、人力资源相对丰富的中西部内陆和东南亚地区成为主要目的地。由于东部和中西部地区存在显著的产业梯度，东部企业的迁入能有效补充完善内陆地区产业机构，引进新技术和方法带动产业发展，中西部各省政府为促进经济增长、增加本地就业，纷纷采取相应的政策措施进行招商引资，凭借资源、科技、劳动力、交通设施等比较优势，各地区之间展开激烈竞争，出现了 2009 ~ 2015 年新的产业转移浪潮。例如，宁夏承接长三角地区和珠三角地区的产业转移资金由 2007 年的 24 亿元扩大至 2011 年的 277 亿元，四年翻了三番多，云南"十一五"期间实际利用内资超过 4000 亿元，是"十五"期间的 7.79倍。政府在承接产业转移的过程中主要是制定适宜的政策，推动和鼓励企业在自主决策的基础上向中西部转移。这次产业转移实践是在政府宏观调控下市场主导型的产业转移，必将是一个漫长的过程。为了弥补市场的失灵，加快中西部地区产业结构升级和特色产业的发展，中西部地区应以比较优势为基础，转变思想，积极承接产业转移，政府要搭建好信息平台，引导成熟产业有序地向中西部转移，做好政策引导工作。

此次产业转移的特点是：在地域优势与政策措施双重动力下进行，一方面中西部地区依靠本地的资源、产业、交通优势吸引东部产业自发转移，另一方面政府通过制定各类产业促进政策、产业经营环境的塑造推动产业在本地落脚。产业政策的实施兼顾综合效应，即存在吸引产业转移的各种鼓励政策，又存在限制污染型产业及落后产能的控制政策。实施此次产业转移以来，中西部地区各省的经济增长速度处于全国前列，居民收入同发达地区之间的差距逐渐缩小，产业转移为协调区域发展，为实现我国从人力资源优势向创新优势转变做出了突出贡献。我国中西部地区在承接东部产业的过程中，由于各省份在资源条件、技术水平、产业基础方面存在相当差异，适宜承接产业的种类和数量随之不同。首先，最为显著的影响因素是区域交通状况，交通便捷可以从原材料供应到产品运输层面有效降低转移费用，增加人员往来及信息交流频率，因此，产业大多沿着重要的交通线路转移，陇海、沪昆、宁西、湘桂、兰新线等重要铁路干线是东部沿海和中西部内陆地区的桥梁和纽带。长江、黄河内河航运，各类高速公路和新建高铁项目为东部产业转移提供了便利的通道。中西部各省中具备交通运输优势的有河南、湖北、湖南、四川等省份，依托交通优势更便于承接商贸物流、机械制造、能源生产等依赖于货物集散、材料运输的产业。其次，劳动力优势和广阔的市场是中西部地区吸引产业转移的重要原因，数量丰富、成本相对低廉的劳动力资源为劳动密集型产业的承接创造了条件，同时产业承接也有利于当地农民就近就业、增加第二、三产业劳动力容量，从而推进城市化进程，人口优势也产生大量的消费需求，我国内陆腹地广阔的市场为产业再发展提供有力的支撑。产业转移是实现产业结构调整、区域均衡发展的有效途径，尤其对于西部偏远省份如广西、甘肃、贵州等经济发展起到突出带动作用，这些地区农业劳动人口比重高、人均收入相对低，产业转移将拉动当地就业，推动现代化进程。

第二节 产业转移的动因及其承接条件

一 产业转移的动因分析

理论上关于产业转移的动因机制论述已有很多，这里将结合国内外产业转移的状况与特点对产业转移的动因机制进行归纳总结，主要内容如下。

（一）产业级差和生产要素流动是产业转移的基础和条件

纵观世界各国的产业结构演变过程，我们发现，任何国家的产业结构演变都是从低到高的过程，发展的主导产业基本是从劳动密集型产业到资本密集型的工业再到技术密集型的电子信息工业，最后到知识密集型的生物工程工业。这样的演变过程与产业之间的技术含量密不可分，越往后，行业的技术含量越高，等级也越高。正是存在这种技术和等级的差别，产业才有提升的空间。所以说产业级差是产业转移的基础。

但存在产业级差不一定导致产业转移。产业转移往往与跨区域投资相伴，在此过程中必然导致劳动力、资本和技术等生产要素在区域之间进行流动。因此，生产要素自由流动是产业转移的前提条件，没有生产要素的流动，产业转移只能是空谈。

（二）各产业间的利益差是产业转移的动力

产业转移的微观主体是企业，一般层面上，企业追求的利润最大化，那么，在自由开放的经济体系中，经济利益是企业在决定是否转移及转向何方主要考虑的因素。由于不同区域的自然禀赋、制度环境、市场容量和技术水平都存在较大差异，即使是同一产业，在不同地区生产，获得的经济收益也会存在差别，这个差距就是所谓的产业利益差。产业利益差促使产业总是从低收益地区向高收益的地区转移。产业利益差主要指的是比较利益，不同国家和地区产业只有通过比较才能得出产业利益差。目前我国产业方面，东部沿海地区具有明显的产业技术和等级优势，它们转移到内地会获得更多的经济利益，因此，它们不断从沿海向内陆地区转移。

（三）地区间的生产要素的成本压力是产业转移的重要原因

企业在决策产业转移时，考虑的另外一个因素就是生产要素的成本问题，成本主要包括劳动力工资和土地的使用价格等因素。由于不同地区的地理区位和经济发展水平不同，生产要素的价格会存在较大差别。那么，企业便会利用此差别，从要素成本高的地区转移到要素成本低的区域。产业大量积聚在某一地区后，必会导致生产要素市场的需求上升，进而导致生产要素的价格上升，同时，水、电等基础设施使用价格也会上升，当运输成本和交易成本小于企业的运营成本时，产业转移便会再次发生。

（四）落后地区具有承接产业转移的强烈意愿

一般而言，落后地区都有承接产业转移的强烈意愿。首先，落后地区充裕的生产要素一般是劳动力、土地和资源，而技术、知识等技术密集型要素十分匮乏，这也是制约落后地区经济发展的主要因素。然而，通过承接产业转移，落后地区可以获得知识、技术等稀缺的生产要素，这将推动落后地区经济快速发展。其次，落后地区承接发达地区的产业转移，不仅可以拥有技术、资本等有形资源，还会带来新观念、新思想等无形的资源，这些无形资源将改变落后地区的传统观念，为该地区经济的持续发展带来新的动力。最后，承接产业转移还会拉动就业、促进城镇化、提高生活水平，缩小与发达地区的差距，缓解社会矛盾。因此，落后地区一般采取各种优惠政策和措施去积极承接产业转移，这也是中国现阶段产业转移的重要推力。

二　推动产业转移的具体因素

产业转移作为一种集体性经济活动需具备一定的前提条件，即受到产业承接地经济社会环境制约，又受到宏观产业政策变化的影响。成功的产业转移需遵循既定的规律和原则，依据国内外产业转移实践经验，可将产业转移的必要条件进行如下总结。

（一）具备一定的产业基础和交通条件

产业具备链式衍生的特点，稳定的上下游供应和高质量的生产服务是产业得以持续发展的必要保障，同时承接地的基本建设条件作为产业运转的基本要素直接决定着产业转移的效果。由于链式整体转移存在一定难度，例如企业意愿不统一、转入地存在融资和用地困难，实践过程中一些内陆省份正是由于缺乏同核心企业相配套的一些零部件和配套服务而难以形成转移产业集群。因此产业基础较好、上下游链条完整的地区对某一产业的吸引力更强，在配套设施完善的地区，新产业能够较容易地获取关联产业原材料和服务供给，可以顺畅实现转移后的生产运作。我国中部地区当前一些发展较好的转移产业集群正是在 20 世纪七八十年代的国企的基础上建立起来的，这些国有企业留下的人力资源和小企业群为转移产业提供了支撑。另外，交通通信等基础设施相对完善的地区能够显著降低企业转移成本，使企业顺利打通产品的生产流通渠道，快速地重建甚至超越原有的经营模式，在产业承接地获取再生优势。因此交通条件往往是产业转移地选择的关键因素，存在众多沿着主要交通干线进行生产迁移的企业。

（二）优良的营商环境

政府服务到位、权力边界清晰的地区，市场机制可以充分发挥作用。优良的市场环境首先推动统一要素市场的形成，促进劳动力、技术、资本等要素的自由流动，实现产业转移过程中要素资源优化配置。其次能够建立公平的竞争环境，提高产品市场效率，逐渐打破国有企业和一些大企业形成的垄断，构建合理的价格形成、资源分配、市场准入机制，为转入企业营造良好的经营氛围，促使其尽快适应新环境创造更多的新价值。最后承接地市场开放性的提高，可以促进商品自由流动，加强同区外的贸易、金融、技术合作以增进区域竞争力。

在中西部各省招商引资政策同质化的背景下，营商环境成为决定转移产业落脚与可持续发展的重要因素，优良的营商环境需要政府各部门共同打造，从项目的审批、登记到企业融资、人员招募、产品销售、运输都离不开地方政府的协助，高效率的行政管理制度可以消除企业入驻后的手续流程障碍，克服由于部门和程序的不熟悉而延误时间、增加管理费用，使企业更快投入新生产过程中。良好的环境也有助于企业形成稳定预期，从而降低了转入企业的流动性并能够在转入地进行长期的经营战略规划。地方政府对本地资源和市场状况最为了解，又能够有效地进行人员和制度安排，可以在培训职工、联系关联企业、拓展产品市场方面起到桥梁和中介作用，是当地营商环境的关键点和决定者，政府职能向服务型转变，从前期政策的制定和实施者变为中后期环境的营造者，对于转移企业尽快融入当地社会并实现转型升级尤为重要。

（三）产业转移政策的有效制定和实施

实践证明产业转移政策是推动产业转移的有效工具。产业转移是依据产业比较优势进行产业再定位的具有一定自发性的经济活动，然而由于企业经营者的有限信息、有限理性，需要政府主导通过一系列激励和限制性产业政策的制定和实施加速产业转移，推动资源优化配置。产业转移政策既包括转出区也包括承接区政策，转出区主要实施推力，例如借助产业扩张限制，资源价格政策推动边际产业转出。而转入区则应当实施拉力，借助税收、土地优惠政策、投融资激励政策吸引产业转入。分层次、有针对性地实施产业政策能够有效加速产业转移，推动区域深化合作和协调发展。

（四）技术的有效对接与吸收

尽管产业遵循梯度转移的原则，产业转出地和承接地具备一定的产业落差，但是承接地能够消化吸收转入产业的基础是对产业的生产工艺和流程相对熟悉，可以模仿甚至延伸技术模式，即产业转入和承接地需在该产业领域内有相对接近的技术条件，产业承接地能够进行有效接纳并实现比较优势再生。随着产业转移的深入推进，产业承接地也越来越注重转移产业的质量及对本地经济的带动作用，承接的产业多是相对于本地同类产业更为先进的，本地企业可以通过行业间交流与模仿提高自身水平，从而从技术角度实现产业二次转移，这也是目前众多专业化的产业集群发展演化的基本路径。

（五）充足的资金支持

在目前内需紧缩、经济增长显著放缓的经济大背景下，银行的惜贷行为，尤其是对中小企业的放款限制使众多企业陷入经营困境，转移企业在设备投入、地租缴纳、厂房建设等方面都需要大量的启动资金，企业在自有资金有限的前提下，能否实现成功的外源融资成为决定企业连续运转的关键因素。除了金融借贷，针对转入的新企业，政府部门需要给予多种政策资金支持，例如技改补贴、新产品开发补贴，地方也采取各种办法缓解企业资金困难，例如设立财政周转资金、同银行协调对企业放款、推动企业上市融资等。在当前国内经济增速放缓，资本市场发展尚未成熟的背景下，资金是企业短期内顺畅运营的血液，转移企业尤其是大型企业在当地就业、税收中占有举足轻重的地位，保证企业资金链条的完整及资金的高效运转既关系到企业的生死存亡，又是稳定经济社会的重要条件。

（六）地域资源优势的发挥

产业转移的目的在于降低生产成本，扩大销售市场。承接地必须具备显著的区位优势才能引发企业管理者忽略较高的迁移成本实现长距离转移。从转入地实际情况出发，依据各地资源优势进行产业转移还可以避免产业承接地之间同质化恶性竞争，例如食品行业对当地的水质、空气有特定要求，冶炼行业需要接近原材料产出地，新能源行业更适宜在技术密集地建立，生鲜产品需依托便利的交通条件，针对不同地域的资源特点进行产业转移布局能够有效提高产品品质和竞争力，形成大范围内的合理分工。

第三节　微观层面
——企业迁移动机与生存环境

一　各理论学派对于企业迁移的分析

产业的微观个体——企业发生区位移动存在着既定的特点和规律，按照生命周期理论，企业成长期偏好于聚集效应和经济的外部性，产业聚集产生技术、设施共享，企业之间的分工协作程度加深等积极效应，企业在其发展的中后期才倾向于外迁。马尔萨斯指出，知识溢出、劳动力市场和产业垂直分工联系是经济区位选择的原因，使用相似技术、投入和劳动力的企业有动力聚集在一起。依赖外部环境处于成长期的产业更偏向于在固定区位聚集，相对来说此类企业的流动性就较低。外部环境对于创新型或市场指向型企业有重要意义，例如，创新型企业能够受益于自身之外的企业，或是地方化的科学中心的技术进步，这就使多元化的区域比单一发展的区域更加具有吸引力，企业也会从存在大规模生产或高密度的经济行为的地区中受益（Jacobs，1969）。

企业依据多个可替代因素进行区位选择，即包括经济的也包括非经济的，新古典的方法基于同质化假设并来源于标准的古典经济理论，新古典区位理论关注于企业理性假设——通过选择最优区位实现利益最大化，受到高度关注的新经济地理学基于假设模型认为，区位因素（交通成本、劳动成本和市场规模）是推动企业迁移的主要动力，当企业不再处于区域边际盈利空间以内就会产生促进迁移行为的推力，其他地方可能存在的企业利润就成为拉力。并且，在新古典框架内由于存在完全信息和理性行为的假设，迁移成本通常是被忽略掉的，也就是说迁移是不需要成本的过程（McCann，2001）。

行为区位理论假定企业具有有限信息、有限理性，定位于次优结果而不是最大化利润，认为内部因素在企业决策中起到最重要的作用并引导企业区域选址。行为理论学派研究企业的实际行为并关注其决策过程，例如 Pred（1970）将行为学的方法引入区位理论中，行为学方法的突出特点是可以将非经济的因素和企业的内部过程（交通设施的距离或区域内潜在就业）考虑进去。行为理论更加依赖调查问卷和具体实践工作，而不是对模型进行解释，行为理论认为企业迁移存在路径依赖并把迁移成本也考虑在内，实际迁移成本可能会非常高，包括房屋建设，拆解、运输和再建生产设施，雇用和培训新工人（McCann，2001），行为学派和不完全信息学派的观点一致：由于迁移成本的存在，会导致企业不愿意迁移，然而如果必须迁移就会选择近一些的地方，更加熟悉或者更加在预料之内。

制度区位理论假设经济行为是社会性和制度关联的：决定于社会的文化制度和价值体系而非企业单个行为（Thrift 和 Olds，1996）经济行为根植于社会制度或网络。企业区位选择行为作为投资决策，是企业同供应商、政府、工会和其他组织协商价格、工资、税收、补贴等关键因素的结果。制度学派认为行为选择发生的环境是非静态的，政府和实际市场都是影响环境的实体。制度理论更加适合于具有协商能力、能够给社会环境施加实际影响的大企业（Pellenbarg 等，2002）。在制度理论中，外部性或制度因素（例如扩张、合并、收购等空间调整及信任、合作和协商）在经济层面上起到了关键作用，站在企业结构和功能的角度，企业通过市场运作形成对社会的干预介入。总体而言，新古典理论在理性和完全信息假设下，形成了企业在经济环境中的最优化行为，对于研究小企业的迁移问题尤为适用。如今，大多数企业都具有复杂的组织结构，存在经理、股东、工人代表等个体和组织能够影响企业决策，制度区位理论在这种情况下就更为适用。

二 企业迁移的内外部条件

企业迁移倾向同企业内部性质的联系如下。

（1）企业规模。依据行为理论，企业规模是影响其迁移的关键因素，迁移成本和随之带来的组织问题对企业来说尤为突出，相对来说小企业更容易迁移，原因在于：一是拥有较少的前期客户和更少的沉没资本；二是小企业需要的迁移空间比大企业小；三是小企业更容易实现再发展，而大企业在商品规模扩张的情况下更为灵活。

（2）企业历史。制度区位理论指出老企业更加依赖原有的空间环境，其根植于建立在长期信任关系之上的更加受益于空间接近性的社会网络（Granovetter，1973）。

（3）服务市场。新古典理论强调市场是企业区位选择的关键因素，出口型企业和有广范围客户联系的企业更容易流动，大市场对企业的区位选择存在正向影响，当企业为大市场服务时，它的一些行为可能发生改变，如果不存在作为迁移障碍的沉没成本，企业就可能另设新厂。

（4）企业成长方式。企业成长的方式会影响企业业务范围及迁移行为。成长可以分为内外部两种，内部增长是指一个生产点的扩张，设置分支机构或完全迁移，外部增长是指收购或兼并。收购或兼并具备快速大规模和低风险的特性，成为新生产点建立的有效替代。研究表明，由于企业变化所有权关系的数量逐渐增加，收购、合并等行为将伴随着更多的企业迁移。

　　总结决定企业迁移的外部因素，第一，企业迁址的动力在于扩张或是寻找更佳的环境。第二个原因是成本节约，企业为了获取其他地方的成本优势，例如工资差异、规模经济、能源经济、政策激励等，接近原材料产地或能源基地、市场导向型策略也是重要的动机。第三，企业会被政府的补贴政策所驱使进行迁移。企业的迁移决策决定于同生命周期相关的企业内部因素，以及同企业区位相关的外部环境因素。企业迁移决策是对当前区位的相对满意度的反映，这种满意度可以被看作推力，企业的增长及需要更大的发展空间是推动企业移动的重要力量。

　　企业迁移倾向表现出很大的差异，相对来说，商业服务行业呈现更高的迁移度。Michiel 对荷兰 1988～1997 年企业迁移的实证研究表明，与主要交通设施站点的距离是影响企业移动的最重要因素，虽然集聚经济并不是多数企业迁移的动力，但对于具有创新行为的企业来说集聚具有重要意义。企业网络重心的移动会产生集体性的企业迁移，研究表明，荷兰8%左右的企业存在移动行为，并偏向于短距离移动，原因在于企业依赖并倾向维持同雇员、消费者或供给者所建立起来的现存空间关系。不同类别性质的企业表现出明显差异化的迁移偏好，在同一类企业内部大小企业之间也存在偏好差异，城市设施环境是企业迁移选择中的重要因素，商业环境和租金水平对从事商务活动的企业尤为重要。规模报酬递增的企业将更愿意驻扎在具有更好基础设施的国家，以获取规模经济的优势，好的基础设施为国内的产品生产赢得了更低的价格和更高的商品需求，因此基础设施状况决定了贸易自由化之后企业转移的方向。

三　新环境下企业可持续发展问题

转移产业一般是发达地区已经不具备竞争优势的产业，如何在新的环境下通过资源重新配置、市场的再定位和拓展，引入创新因素实现比较优势再生是企业经营者首先考虑的问题。迁入产业一定程度上会沿着以往生产经营的路径，上下游配套产业的寻找和选择是实现其正常生产运作的必要前提，中西部地区在承接产业转移的过程中，要努力降低转移的成本，加强产业链培育和配套环境建设，针对不同的产业类型，抓住时机实现产业有效承接和合作（张先进、容宁，2008）。配套产业的安排主要存在两种方式，一种是迁出地以龙头企业为中心实现链式转移，另一种是迁入地原本就具备较好的产业链基础，存在产业配套的可能性。两种方式各有利弊，链式转移能够维持原有生产合作模式，保障生产效率和产品品质，然而其中的缺陷在于同当地生产关联相对低，对就业的拉动作用较弱，存在产业一旦转出就会出现空心化的风险。在迁入地联系上下游企业可以更加显著地提高当地产出水平，产生集群效应促进生产效率的整体提高，但是对迁入企业来说存在一定风险，关联产业选择不当可能会导致原材料供给不足或质量不符合要求而无法正常生产，在市场开拓过程中也可能存在各种不确定性，因此配套产业的选择是一个反复尝试与调整的过程，需要企业管理者具备充分的认识和预见性，同时地方政府和中介组织应在信息交流、人员供给、制度安排等方面给予支持。承接地应主要采取如下措施：建立促进产业转移的利益协调机制，建立促进产业转移的差异化产业政策，建立促进产业转移的要素激励机制，建立促进产业转移的良好服务环境。

实践证明，企业经营环境的优化对于转入企业持续发展具有关键性作用，经营环境包括转入地政策支持、公共服务供给、市场范围和秩序、交通条件等诸多作用于企业生产的外部因素，在政府高效管理、生产生活服务充分供给、市场有效拓展的环境下，企业具有充分的动力进行技术改造和扩大再生产，企业和职工的稳定性也会相对较高，由此形成企业聚集带动相应平均税负下降的良性循环。关于地方政府在其中的作用，Rechard Baldwin 等强调区际政策对区域产业转移的作用，提出区际基础设施建设和区际技术溢出的公共政策有利于提高整个经济的增长率，主张实施降低区际创新成本政策。营商环境是长期培养的过程，有取代初期优惠政策供给成为决定企业落户首要因素的趋势，环境的营造除了政府从企业的实际利益出发提供到位的管理服务之外，更需要企业采取长期的、可持续的经营理念，以打造企业品牌和形象为目标，树立诚信、团结、进取的企业文化，遵守法律和行业秩序，积极开拓产品市场范围并带动区域内同类产业的共同发展。

企业之间正外部效应的发挥对良好产业环境的营造具有不可忽视的影响，产业集聚是增强企业集体竞争力的有效途径，产业转移中的产业集聚可以增强产业转移驱动力，满足产业转移中人才需求，促进知识的流动共享，有效降低产业转移成本，提高产业竞争力（黄福江、高志刚，2015）。尤其需要重视技术扩散对区域产业转移的影响，政府需要加大科技投入、R&D 投入，通过提高技术扩散的规模和速度来有效承接区域产业转移（吴汉贤、邝国良，2010）。除此之外，消除市场壁垒，建立公平竞争的市场秩序也是迁入产业实现可持续增长的前提条件，新企业可能在信息获取、市场开发、原料获得等方面相对弱势，如果迁入地已经存在实力较强、具备相当垄断性质的同行国企，对迁入企业的销售市场份额、生产资源获取都会产生一定威胁，现存企业具备较多的社会资本，在政策获得、市场开发方面具备优势也将不利于迁入企业与之公平竞争。迁入企业如何寻找新的差异化发展路径，在既有的市场格局下进行市场定位并实现新的比较优势，管理部门如何从税费、价格、资源分配领域促进市场公平是在新环境下必须解决的问题。

第四节 宏观层面

——产业转移的组织管理机制

一 产业转移中的自组织管理

产业发展具有固定的形成—成长—成熟—衰退周期，遵循比较优势原则，产业进行区域之间投资和贸易转移是内在演化规律，产业转移实际上是各个企业为实现利益最大化的自发过程，转移企业需要承担各种确定和不确定性成本，因此，必须增强抵御市场风险的能力，不断提高企业的内部化优势、所有权优势，在新的竞争环境中找到利益平衡点，开拓市场范围，实现再生优势。首先，转入企业需清晰把握新的市场环境，了解当地市场情况，对自身产品进行准确的市场定位，借助各种途径的市场调研发现可利用的资源条件，例如同供应商和服务商联系的途径、取得金融机构支持的方法，了解商品销售流通渠道，逐渐开拓新市场，另外需逐渐熟悉当地的风俗习惯、制度环境，增强产业根植性，从而降低不必要的交易成本。加强同地方社会组织的联系，通过行业协会的形式获取更多经营信息，借助企业之间的相互扶助增强抗风险能力。其次，完善企业内部治理结构，建立高效率的企业管理制度，理顺转出地企业和转入地企业之间的职能关系与利益分配。明确各部门各阶段企业发展的重点目标，建立职责权利明确的现代企业制度，以创新驱动增强产业内生增长潜力，实现产业顺利转移对接。最后，转移产业集群化发展或实施链式转移能够充分发挥聚集和外部化效应，增进上下游产业之间的配合与分工。目前转入区建立了众多类型各异的产业园区以吸引东部地区产业转移，链式转移也被实践证明是有利于转入企业快速适应新环境，保障生产效率、产品质量的有效途径。与此同时，强化区域合作、推动要素自由流动也尤为重要，必须通过加快区域开放步伐、打破区域封锁、建立共同市场等方法推动要素自由流动和区域合作，推动产业过程中各生产要素同适宜的资源条件、技术环境、产业环境相结合。

二　产业转移中政策干预

（一）产业政策的分类

1. 激励型产业政策

产业转入地政府为达到在同类地区竞争中获取优势、吸引产业转入的目标，往往从土地、财税、金融领域入手采取激励性政策，以降低转移企业的转移成本，例如减免土地使用费，降低企业所得税、营业税，对转入企业开通融资绿色通道，增加信贷流量或实行低利率政策等。激励型产业政策在降低企业转入门槛的同时，传达了政府对于产业转移的支持信息，能够有效消除企业管理者的投资疑虑，增强实施产业转移行为的信心。

2. 服务型产业政策

服务型产业政策具体指推进产业转移相关的一系列生产服务活动的政策，包括促进基础设施建设以增加交通便利化程度，鼓励技术服务机构的建立与发展，简化行政审批流程以提高产业转移效率，实施积极政策引导配套产业发展，制定有利于劳动力充分流动、技能素质快速提高的产业服务政策。服务型产业政策目的在于为转移产业营造良好的环境，缩小转入转出地设施建设、服务提供方面的差距，提高转移企业的适应性和根植性，实现在产业承接地的再生优势。

3. 推动型产业政策

推动型产业政策是指政府相关部门依据产业现状和发展方向，有目的地制定有褒有压的政策，推进产业整体向组织有序、结构优化、有利于发挥地方资源优势和产业特色的方向转型，使产业转移同地方经济社会发展规划相衔接，从宏观方面推动资源有效配置。例如建设产业园区促进转入产业聚集化，设置优先引进产业目录，着重引进技术先进、环境效应好的产业以推动转入地产业升级。

4. 限制型产业政策

限制型产业政策分为转出地限制政策和转入地限制政策，转出地政策实施的目的是控制一部分已经处于中后期的产业过分扩张，具体来说可通过颁发许可证等方式限制本地产业增长并促使其外向转移，这类政策在欧洲国家19世纪六七十年代较为常见。承接地限制政策制定的目的在于在保护承接地资源和环境，加快产业优化升级的步伐，防止过多高耗能、高污染或技术落后的产业转移政策。产业转入地往往根据当地资源环境容量制定限制产业清单，设置一定的能耗或排放标准以阻止超标企业进入。限制型产业政策的制定尤为重要，转移的产业多为传统产业，若不能执行严格的环境标准，产业转移的同时将伴随着污染转移，设定产业限制政策是保护承接地生态环境、促进全国范围内产业优化升级的必要条件。

（二）政策有效实施的前提条件

1. 政策制定的针对性

产业转移政策必须有针对性、有目的地制定和实施，政策制定要依据政策对象的实际情况，对政策预期效果进行科学的预测分析，把握政策实施中的关键因素，确保政策内容的针对性，例如土地政策对拟引进的产业具有决定性影响因素，就需要协调相关管理机构制定相应的土地优惠政策；劳动力成本是产业转入区重要的比较优势之一，则需要制定更为有利于劳动力自由流动的制度，突破户籍制度的限制，提供更优越的生存环境，促进区域内统一的劳动力市场的形成。要注重政策力度的针对性，产业转移政策的制定即要求对转入产业形成吸引力，又需要维护区域内正常的市场秩序，保证各产业在公平的市场环境下有序发展，因此产业政策的力度如资金投放数量、税费减免程度都必须考虑政策的有效性和市场承受力。还需注意政策的关联效应，产业转移政策需同其他产业政策规划相一致和衔接，防止出现政策之间相互矛盾，甚至抵消政策效果的现象发生。在全国和区域整体发展规划下，明确产业转移政策的实施目的和途径，政策制定部门之间通过相互协商形成一致性、差别化的制度安排，保障产业转移政策既能融入全局性的经济社会发展政策规划，又能独立有效地完成产业转出与承接任务。

2. 政策传导的有效性

实现政策有效传导实施的基本前提是各政策主体职能明确、权利边界清晰。在政策的制定、执行和监督的过程中，政府、市场、企业能够充分发挥各自的职能，政府实施的政策能够真实有效影响企业的生产成本、企业的市场需求，进而通过市场价格及供需机制实现生产格局的再调整，使政策意图可以借助各项政策工具在市场上得到体现，形成"政府推动、企业主体、市场运作"的政策传导机制。政策有效传导需要具备以下条件。首先，政策制定、执行和监督部门要相互合作、统一思想，使政策目标在各环节都具有明确一致性，政策工具能够有效落实到具体实践中。其次，市场机制能够有效发挥作用。前提是各种生产要素可以充分流动，市场中存在公平竞争环境。如果市场是相互分割和封闭的，市场中存在大企业垄断并制定交易规则、关联交易和寻租的事件屡屡发生，则产业政策就无法通过价格与供需机制决定生产消费，导致政策不能得到有效的传导执行。最后，政策制定需要考虑到企业的承受能力，需根据不同的市场环境和企业类型制定差别化的产业政策。

3. 政策的连贯协调性

产业转移政策需具备连续稳定的特点，既向政策执行者传达明确的政策目标，又能够使企业管理者形成稳定的政策预期，降低转入企业的经营风险并便于企业谋划实施各项经营战略。连贯性的政策更有利于通过持续的实施实现政策目标，减少各类政策同时出现、相互矛盾的现象发生，增进政策的执行效力。同时为更加有效地协调各方利益，可在相同的政策目标下实施不同的政策组合，如通过不同种类税收的增减既达到实施优惠政策的目标又在一定程度上降低财政压力。政策的协调性是指转出区和承接区之间、区域内部各部门之间需协商一致，形成清晰的利益分配、责任分担格局，避免各地区、各部门从自身利益出发不合作，影响产业转移的整体效果。

4. 政策评价监督机制

产业转移政策不仅要注重产业转移前制定与实施，而且需跟踪、评价政策落实的效果，并依据政策效果进行调整。从根本上改变政府"重前期招商引资而轻后期管理服务"的状况。首先需要制定科学的政策评价体系，除了企业产出、就业效应之外，更需关注资源、环境、民生效应，改变以往GDP至上的评价标准，将政策综合效应作为政府绩效的评价准则。评价阶段可分为短、中、长期，从而更清晰地了解政策的即期效果和长期作用。其次，在职能分工上确保政策实施和评价部门相互分离，同时监督评价机构需建立长效化的信息发布制度，定期向相关管理部门和社会公众发布产业转移信息，确保信息及时公布、反馈，依据信息适度调整产业政策的方法和侧重点，依据信息实施相应的奖惩方案，使产业转移朝着有利于促进经济、社会、环境可持续发展的方向进行。

第三章　承接产业转移能力评价及
实证分析：以河南为例

第一节　河南省产业转移的 SWOT 分析

一　优势

河南位于我国中原地区，历史文化悠久，资源禀赋优越，具备承接东部地区产业转移的诸多优势。第一，人力资源充裕。2014 年河南户籍人口总量 1.1 亿左右，形成了巨大的潜在消费市场，扩大了产品的需求空间，并且劳动年龄人口的人均劳动力成本只有东部地区的 2/3 左右，较为适宜承接如纺织加工、食品加工等劳动密集型产业。当前以产业集群形式发展起来的电子产业园、机械产业园、食品加工园等，吸引转移产业入驻，以龙头企业带动形成设施共享、链式发展的产业格局。第二，河南省自然资源丰富。铝矿、钼矿、钒钛等有色金属储量大，为金属冶炼和机械制造类产业提供有效的原料支撑，东部地区产业在遇到资源瓶颈的情况下迁入河南境内将重新获得持续发展的动力。河南自古是我国重要的粮食基地，适宜耕种小麦、玉米、水稻、豆类等多种农作物，东部地区先进的食品加工业迁入后将为省内产业带来新的技术和管理经验，推动产业链朝品牌化、高端化的方向发展。第三，河南是我国重要的综合交通枢纽，境内京广、陇海、京九铁路线交汇，有90多条高速公路，历来是中部地区重要的商品集散地和商贸中心，便利的交通既降低了产品原材料成本，又有利于产品运往全国各地，郑州航空港综合实验区的建成进一步提高了河南交通的开放和便捷度，能够使大量高技术含量的电子产品、河南本地的生鲜特产快速运往国内外其他区域，航空港的建成也密切了国内外人员的往来，吸引了更多跨国企业来河南投资经营。第四，具备相对成熟完善的产业基础，能够为转移产业提供一定的上下游产业支撑和相关产业基础设施。为实现要素集聚效应，加强产业间分工协作，从而为转移产业创造优良的产业环境，近年来，河南着力推进产业园区的建设，各类专业化的产业园区在各地市落户，促进形成以龙头企业为中心，相关产业分工配套，基础设施共建共享的产业生态格局，为转移产业融入当地产业系统并持续发展打下良好基础。

二　劣势

首先，河南虽然是人口大省但农业人口比重高。截至

2016 年底，河南省城市化率只有 48.5%，低于全国近 10 个百分点，且劳动力文化素质较低，初中以下学历的占多数，难以适应技术要求高的工作，人力资源培训成本相对高。对承接东部地区技术含量及附加值高的电子信息、新能源新材料产业形成了一定的障碍。其次，煤炭、冶金、化工等基础性资源产业的比重高，相对来说缺乏技术密集型产业，承接产业也存在基础性、附加值低的现象，不利于河南借助承接产业转移的机遇实现产业结构优化升级。河南本省存在大量制造采掘产业，已经对环境造成了相当的压力，其中化工、煤炭开采是国家环境部门重点关注的对象，新的资源产业的引入将会使环境进一步恶化，产业承接过程中的环境保护应当是管理部门的重要任务和职责。再次，河南省科研实力较薄弱，缺乏能够对产业实体形成支撑的高校和科研机构，省内高校数量虽多但是科研实力强，能够实现产学研相结合的高水平学校较少，学校科研机构科研成果的数量和层次同武汉、西安等有知名大学城的地区还存在较大差距。相应省内专业研究机构因为人才和设备短缺而难以达到一流水平，因此在国内外科技交流合作中也处于劣势，对于高新产业的吸引力相对较弱。最后，管理层面还存在信息化程度不够、办事效率低、重前期招商引资而轻后期服务的问题，地方政府资金相对缺乏和银行信贷困难增加转移产业未来运行发展的不确定性，影响了企业管理者的投资决策。

三　威胁

（一）面临竞争优势断档的风险

河南省人口老龄化趋势已逐步显现，众多行业有经验的技术人员逐渐退休，年轻人学历层次相对低，技能结构相对单一，人员培养需要付出较高成本，因此同其他中西部省份相比，河南省劳动力供给具备数量优势而缺乏质量优势。随着交通物流一体化的推进，中部地区劳动力、土地、矿产资源成本优势出现弱化趋势，依靠传统资源产业将难以实现经济的可持续性。因此在产业转移过程中必须推进各项资源的有效整合，依靠创新驱动提高产业科技含量和附加值，通过技术引进和人力资源培养增进经济发展的竞争优势。

（二）环境监管难度增加

河南产业结构以资源开采、金属冶炼、机械制造、食品化工为支撑，这类基础产业对环境已经形成显著的影响。转移产业中也存在相同或类似的行业，特别是中小型企业存在环境投入少、难以统一治理的问题，就势必加大省内环境压力，增加环境监测、管理的难度。在这种情况下，提高环境监管信息化程度，实施严格的项目环评、制定系统性的环境规划，引导企业从经济和环保双重效益出发进行投资决策是政府相关部门的重要任务之一。

（三）转移产业与地域资源环境特色不相符

在东部地区产业转移的大环境下，中部各省为加大招商引资的力度相互之间展开激烈竞争，会存在为产业引进而忽视地域优势、产业结构趋同，产业引进超出本地资源环境承载力的弊端。企业管理者在区位选择过程中也出现信息不对称、缺乏充分的调研跟风盲目转移的现象，结果可能会产生企业发展需要和地方资源环境特点不相融合、企业转入后生存能力弱的问题。如果产业转移只是以承接东部地区落后产能为主，就会进一步加剧国内产能过剩，增加产业结构优化升级的难度，因此依照各地资源特点、产业基础、人才结构实施差异化策略，适当选取产业转移的对象是提高引进效率，增进经济可持续性的必要途径。

（四）转入产业或带来经济社会问题

产业转移存在适应性和根植性问题，转入企业同当地上下游产业相配套，企业文化同地方社会相融合是企业能够持续良性运转的保障，若只重视企业和资金引进数量而忽视后续的营商环境培育，企业短期存在之后倒闭或另找地方建厂生产，就会造成资源浪费和社会波动，企业雇用的劳动力将面临下岗再就业的问题，当地的财政收支也会相应受到影响。另外，在产业转移过程中会整体增加劳动力就业机会，特别是制造业劳动力需求的上涨将提高农村地区中学在校生上学的机会成本，让更多的人选择进厂工作而放弃学业，长期来看这种做法是得不偿失的，经济一旦发生波动受到影响的首先是低技能的劳动力，并且会造成长期内的结构性失业。因此加强义务教育宣传管理力度、拓宽人力资源培养途径是实现产业转移的良性社会效益的内在要求。

四　机遇

（一）整合资源实现后发优势

尽管河南在人力资源、科技资源、自然资源等单项上存在种种限制和不足，但是若能实现资源整合发挥综合优势将会显著提高对产业和投资的吸引力，使省内产业优势由点向面发展增强整体竞争力，例如在资源性产业园区中设置孵化器、技术研发中心，成立专门的职业技术培训机构，从提高要素的内在质量入手，增加产品和服务的附加值。除此之外，资源整合还应包括管理效率的提高及制度障碍的消除，资源整合不仅需要企业管理者从企业的切身利益出发进行优化调整，还需要政府和相关社会组织从宏观和中观的角度加以引导和支持，促成各类资源要素能够实现有机结合从而最大限度地发挥经济社会效应。

（二）完善省内产业结构

由于长期以来河南省承担着保障国家粮食安全的重要任务，工业发展相对缓慢，存在基础产业偏多、产业链偏短、产业结构不完善、服务业配套度低等问题。通过产业转移能够针对省内产业薄弱环节，以"延链"和"补链"的方式完善产业构成，引进技术密集型的信息、生物、新能源产业，促使机械制造业向更加高端的方向演化。借助产业转移的机遇优化省内整体产业环境，推进商贸、物流、金融等各类服务业朝着信息化、现代化的方向发展，实现以创新为驱动、以市场为主导的产业竞争力的整体性提高，缩小河南省同发达地区之间的差距。

（三）引进新技术和管理方式，实现低技能劳动力再培训

依据地域特点选择优势产业能够更有效地实现技术溢出和产业带动，促使同类产业采用更为先进的技术和管理手段，为转移地经济社会发展带来创新活力。转移产业大多在东部发达地区仍有分支机构，对国内外本行业的技术动态和产业发展方向有更为清晰的了解，同高水平技术研发机构有更为密切的往来，能够及时掌握并运用先进的技术方法，省内产业借此机会可以降低技术研发成本，直接引进成熟技术，缩短产业更新换代的时间。新产业带来新的技能要求，转移企业会依据岗位技能对劳动力进行技术培训，这就使省内劳动力增加了提高业务素质的机会，为劳动力和新兴产业接轨搭建了桥梁。

（四）提高对外合作与开放程度，进一步发挥分工优势

产业转移增强了区域之间交流合作，促进产业间的联系和分工，从而有利于发挥各地区的比较优势。交通通信设施的提升与完善增加了产品外销的途径，拓展了产品市场范围，为省内产业增长创造了更多的发展空间。产业转移能够使河南省从战略高度出发，实现更高质量的三化融合发展，发挥中原经济核心区的功能，增强地域优势，加深对外合作，提高经济社会发展的活力和可持续性。

第二节　河南省产业承接能力评价
与对照体系

一　评价指标体系

产业转移是以市场内在选择机制为基础，产业政策外在推动促进的区域间经济活动。产业承接地所具备的客观条件对产业转移的类型和方向有决定性影响，因此研究承接地经济社会特征对产业转移作用机制，依据这种联系制定有针对性的产业转移政策，实现资源跨区域优化配置及产业转移效率的逐步提高具有积极的理论和实践意义。依据前文的理论分析，将区域产业承接条件分为科技水平、交通条件、产业水平、服务环境、劳动供给五个维度，为兼顾规模效应和强度效应，本书在指标选取过程中既有反映总量的指标如科技市场成交额、专利授权数、消费品零售额，又有均值指标如人均道路面积和人均 GDP、人口密度等，其中服务环境主要指商务服务和公共管理水平，用人均电信业务量、人均商务服务企业个数、人均公共设施管理部门费用额、人均银行年贷款数量衡量。劳动供给指标用各地的劳动年龄人口密度加权教育水平得到，指标数值均来源于历年《河南统计年鉴》，产业转移量用各地省外资金利用来表示（见表 3 - 1）。

表 3 - 1　评价指标体系

承接条件评价	科技水平	科研机构单位数
		科技从业人员
		科技市场成交额
		科技市场成交量
		专利授权数
	交通条件	人均道路面积
		公路里程
		年客运量
		年货运量
	产业水平	人均企业增加值
		企业平均利润率
		消费品零售额
		人均 GDP
	服务环境	人均电信业务量
		人均商务服务企业个数
		人均公共设施管理部门费用额
		人均银行年贷款数量
	劳动供给	15～60 岁年龄段人口密度
		人口教育程度

二　评价方法

熵权法是一种根据各指标传输给决策者信息量的大小来确定指标权重的方法。在信息论中，熵值反映了信息的无序程度，某项指标的信息熵越大，提供的信息量就越小，表明该指标的变异程度就越小，在综合评价中起的作用就越小，则该指标的熵权就越小，反之亦然。熵值法能尽量消除各指标权重的人为干扰，使评价结果更符合客观实际。具体步骤为如下。

第一，根据规格化评价指标矩阵，计算第 i 个指标第 j 个决策指标值的比重；

$$p_{ij} = \frac{r_{ij}}{\sum\limits_{j=1}^{n} r_{ij}} (i = 1,2,\cdots,m) \quad (1)$$

第二，计算第 i 个指标的熵值

$$e_i = -\frac{1}{\ln n} \sum_{j=1}^{n} p_{ij} \ln p_{ij} \quad (2)$$

第三，计算第 i 个指标的差异性系数 g_i，对于给定的 i 当 j 取不同值时，若 r_{ij} 的差异性越小，则 e_i 越大，对综合评价的作用越小，定义 $g_i = 1 - e_i$，越大越应该重视第 i 项指标的作用。

第四，第 i 项指标的客观权重为

$$\omega_i = \frac{1 + \frac{1}{\ln n} \sum\limits_{j=1}^{n} p_{ij} \ln p_{ij}}{\sum\limits_{i=1}^{m} \left(1 + \frac{1}{\ln n} \sum\limits_{j=1}^{n} p_{ij} \ln p_{ij}\right)} \quad (3)$$

本节用熵值法先计算各指标权重，然后将标准化后的指标值加权相加分别得到省内 18 个地市在科技水平、交通条件、产业水平、服务环境、劳动供给五个维度的各自水平，统计年份为河南省产业转移明显开始增加的 2009～2013 年。

三　评价结果

评价结果显示（见表 3-2），包括郑州、洛阳、新乡、开封、焦作、平顶山在内的中原经济圈各维度实力均衡且处于较高水平，由于省会郑州聚集了科技、人口、金融、商贸等多种产业资源，表现为一区独大且同其他城市拉开了差距，因此产业承接数量最高，2013 年为 730 亿元，是第二名洛阳市的 1.4 倍。其他地市主要表现为整体水平较低或各维度发展不均衡，除郑州外，科技相对水平较高的有洛阳和焦作，得分较低的地区有商丘、濮阳。交通状况良好的有南阳、驻马店、商丘，相对差的是北部地区三门峡、济源、濮阳市，产业水平较高的是济源、焦作、洛阳。具体反映在工业增加值和人均 GDP 指标上，得分较低的是信阳、商丘、驻马店，农业比重较大，缺乏现代制造业的地区。服务环境相对好的有三门峡、济源、焦作，开放度相对高、市场发展较快的城市，相对低的是商丘、周口、驻马店一些地区。劳动力供给用劳动年龄人口密度来衡量，和其他指标相比，劳动力供给区域之间的差距要小些，除郑州外，劳动力供给水平高的城市有漯河、焦作、周口等。

表 3 - 2   2009 年各地市承接条件评价

地区	科技水平	交通条件	产业水平	服务环境	劳动力供给
郑州市	100	79	92	100	86
开封市	50	51	51	54	68
洛阳市	71	68	65	55	56
平顶山市	50	62	52	49	62
安阳市	50	66	52	50	67
鹤壁市	48	50	55	48	63
新乡市	52	56	49	50	64
焦作市	59	57	64	56	75
濮阳市	45	45	50	46	73
许昌市	53	61	59	50	76

地区	科技水平	交通条件	产业水平	服务环境	劳动力供给
漯河市	50	47	60	47	90
三门峡市	50	45	62	61	42
南阳市	55	82	48	46	52
商丘市	45	74	43	41	68
信阳市	52	65	43	46	55
周口市	48	69	46	40	73
驻马店市	50	77	41	43	57
济源市	40	46	71	57	47

　　整体而言，河南东部地区的商丘、周口市在交通和劳动力供给方面具有优势，而科技、产业、商业环境领域处于较低水平，也就是说人口和区位优势相对明显，而缺乏创新驱动和良好的产业氛围。南部地区信阳和南阳主要的薄弱环节在于产业水平和服务环境，优势主要表现在交通方面，需在产业升级和营商环境改善上有所改进。北部地区三门峡、鹤壁、濮阳产业承接劣势在于科技水平和交通条件，相对河南省南部高速公路和铁路网的密度要低一些。对比 2009 年和 2013 年，郑州在产业转移后人口聚集加速，劳动力优势更加明显，开封市产业水平出现一定程度的下降，洛阳市服务环境有明显提升，焦作市的交通建设速度同其他城市相比相对滞后。全省范围内承接条件表现出显著的不平衡性，以郑州为中心的中原城市圈内 6 个地市条件相对好，由此引发了产业转移向省会集中的现象，为进一步发挥地域优势、实现资源优化配置，需着眼于全省大局推动各地市经济软硬环境建

设，推动产业转移的平衡性和地区之间的协调发展。

2013 年各地市承接条件评价如表 3 - 3 所示。

表 3 - 3　2013 年各地市承接条件评价

地区	科技水平	交通条件	产业水平	服务环境	劳动力供给
郑州市	100	81	91	94	100
开封市	52	52	49	49	65
洛阳市	79	67	63	70	57
平顶山市	53	57	55	48	61
安阳市	50	54	52	48	63
鹤壁市	43	50	56	50	63
新乡市	52	53	51	51	63
焦作市	54	48	63	55	74
濮阳市	49	47	54	45	71
许昌市	59	50	62	50	73
漯河市	49	46	59	45	87
三门峡市	50	47	67	63	42
南阳市	54	85	47	46	49
商丘市	49	67	45	41	62
信阳市	52	67	43	50	48
周口市	43	66	45	40	63
驻马店市	50	72	44	44	52
济源市	40	44	74	52	47

四　各承接条件对河南省产业转移的作用机制分析

本节进一步建立回归模型，得到公式：

$$shift = \alpha_1 tec + \alpha_2 tra + \alpha_3 ind + \alpha_4 ser + \alpha_5 lab + \mu$$

$shift$ 表示产业转移，tec 为技术水平，tra 为交通条件，ind 为产业水平，ser 为服务环境，lab 为劳动力供给。即将承接条件的 5 个维度和河南省产业转移量进行了回归分析（见表 3 - 4），其中产业转移量用各地市利用省外资金这一指标值表示，采用 2009 ~ 2013 年河南省 18 个地市的面板数据。回归结果如表 3 - 5 所示，5 个维度的系数值都为正，验证了各自对产业转移的正向促进关系，结果表现为显著的变量依次是科技水平、服务环境、交通条件，劳动供给和产业水平，对产业转移并没有显著影响。同本项目实地调研结果基本一致，包括行政效率、商业服务、信息建设的企业营商环境和地域交通条件是企业管理者最重视的因素。科技水平反映了产业层次和企业内生增长潜力，在创新驱动的背景下企业首选技术条件好的区域进行转移。存在较好的产业基础和完整的配套产业也被认为决定产业转移的重要因素，然而本节的回归结果不显著的原因可能在于设定的指标主要反映了产业当前的产值和盈利水平，而针对具体行业的产业配套和关联性缺乏代表性指标。由此也说明一个地区的经济水平高并不一定可以吸引相关产业转移，经济相对发达的地区在对转移产业的优惠政策供给、土地和劳动力成本上都有可能存在弱势。对于转入企业经营者来说，最先看到的会是一个地区生产成本问题且对于产业配套与产业环境尚缺乏足够的了解。劳动力供给变量不显著的原因可能在于河南省内劳动力普遍较为充裕，且省内人口流动较为方便，因此省内各地市的劳动力密度并非决定产业转移的绝对因素。

表 3 - 4 变量相关性分析

变量	产业转移	科技水平	服务环境	劳动力供给	产业水平	交通条件
产业转移	1.00	—	—	—	—	—
科技水平	0.74	1.00	—	—	—	—
服务环境	0.58	0.87	1.00	—	—	—
劳动力供给	0.30	0.35	0.23	1.00	—	—
产业水平	0.36	0.66	0.86	0.32	1.00	—
交通条件	0.54	0.48	0.18	- 0.06	- 0.11	1.00

表 3 - 5 产业转移与承接条件回归结果

变量	系数	标准差	P 值
科技水平	0.12	0.05	0.03
服务环境	0.09	0.04	0.04
劳动力供给	0.02	0.03	0.50
产业水平	0.10	0.08	0.18
交通条件	0.06	0.04	0.09
_cons	39.91	6.63	0.00
R^2	0.47	Wald chi2	19.60

第三节　河南省承接产业转移推动产城融合发展

产业与城市—区域是密切关联的。产业组织必须依托于特定的空间载体和区域范围，而城市—区域的发展也必须实现产业的支撑。由此，如何正确看待产业发展与承接产业转移在空间层面的落地与效应，对其进行务实和必要的调节和引导，进而通过承接产业转移实现城市—区域竞争力的提升与产城融合发展，业已成为城市—区域发展的一个重要的现实问题。

一 产城关系辨析

整体上看，围绕产业发展和转移与城市—区域发展的相关研究更多体现在对某一具体问题和角度的探析上，国内外产业转移相关研究的重点主要体现对其动因、区位选择、模式、路径以及对承接地经济效应的研究，而对城镇化发展、国内外研究的重点则主要聚焦在对其动因、模式、路径、影响以及与产业发展的关系上，从微观机理上看，深入探究承接产业转移与城镇化和产城融合之间的内在联系的文献并不多见。

有关产业与城市发展关系的研究首先出现于对人口发展与结构变化的分析上。Kuzncts 和 Chenery 较早提出经济增长伴随着人口结构的变化，农业劳动力会逐步向非农产业转移和集聚，而非农产业的发展决定了城市这一空间载体的重要性，即产业化发展也是促成城市化发展的动因。Gilbert 进而对这一现象进行了实证分析并佐证了这一观点，即城市化率与第二、第三产业的发展演进呈现高度的正向关系，却与农业生产和发展逆向关。在此基础上，研究视角不断拓展到基于产业发展过程中的人口演进、就业结构等对城市发展与城市化率的作用效益等方面，不同学者进行了深入解读与实证探索，分别提出了产业集聚、技术进步、政策因素等都会对城市化产生重要的影响作用。

近年来，国内围绕产城关系也进行了大量研究。首先，立足于产业发展对城市发展的影响上。有学者提出，我国城市化进程的滞后是产业结构与人口就业结构"严重错位"的结果。陈立泰等实证发现，产业结构的演进一方面可以带来城市化发展的直接影响，另一方面，还可以也会通过与其他外部因素的共同作用间接影响城市化发展，同时，无论是直接效应还是间接效应，都会对城市化发展产生不同的影响，即区域差异或空间差异。然而，围绕城市化发展落后于工业化发展进程这一假设前提或理论推导结果，安虎森、陈明与中国工业化与城市化协调发展研究课题组均提出了质疑，前者认为，城市化进程中就业结构并未随着工业化发展而快速推进，城市化质量不高，并不能得出城市化滞后于工业化发展这一结论，后者基于国际视野对比分析认为，相对于国外的发展，中国的根本问题在于城市化与工业化的相关性较低，而与就业结构的相关性较高，也就是说，城市化发展并不落后于工业化，中国发展的核心问题在于工业化结构偏差而非城市化结构偏差。其次，在城市化发展对产业结构与演进的影响上，中国经济增长与宏观稳定课题组认为，城市化的积聚对非农产业的发展与竞争力的提升能够产生重要的正向关联，而职工工资、住房等整体成本的上升对其逆向作用也会发生。整体上说，城市—区域发展对产业发展的影响作用是多元且双向的。

从逻辑上讲，承接产业转移与城镇化发展是一个互动的过程，诚然，这是一种理想化的结论。一方面，健全的城市化发展有赖于所承接的产业转移与这一城市—区域的产业系统相关联和配套，城市—区域产业发展与落后地区积极承接产业转移能够有效地推动区域城镇化进程加速。相关产业发展理论也表明，当城市—区域产业发展到一定阶段，人民收入水平、社会消费水平和整体需求也就随之提高到一个新的水平和层次，而要满足这些需求实现消费能力就势必会为城镇化发展提供多元动力要素，如交通、旅游、餐饮、住房、科学研究等，促使农业发展更多、更快地向非农产业转移和过渡，城镇化发展应运而"速"生。

另一方面，城市化进程的推进同时又是提高城市—区域产业承载能力、优化产业结构与配置的重要条件。一是城镇化的发展能够有力地带动消费能力的持续增长，以此来刺激促使城市—区域范围内的产业发展、配套与转移。二是城镇化发展到一定阶段以后，基础设施建设、信息化建设、生态文明建设等都已非常健全和完善，城市的综合承载能力得以提升，教育培训、社会保障等民生工程稳步建设，劳动力文化知识素养与综合素质得以提高，新的技术发明、技术与理论创新不断应用和指导城市—区域经济社会发展，产业管理能力和创生能力显著提高，最终形成城市—区域产业更快发展和更广范围内的产业发展、结构优化与产业转移。如在我国广大中西部地区或中部传统农区中，对区域发展起重大作用的资金、技术等要素较为缺乏，且城市发展或多或少地受到地域条件的限制，政府财力有限，产业发展受到了很多制约，就迫切需要通过积极承接产业转移实现外部资本、技术等要素对本地的补充和发展，逐步改善和协调产城关系，提升城市—区域自生能力与竞争力。

二 产业转移背景下的产城关系：宏观视域

（一）产城关系的世界视野

从历史角度看，人类大规模的城镇化发展肇始于18世纪英国的产业革命，或称工业革命。在工业革命之前，受"马尔萨斯人口陷阱"理论束缚，城镇化发展更多体现为自然演进的状态，发展速度极为缓慢而发展水平也较为低下。工业革命以来，商品生产与商品贸易呈现前所未有的速度、广度和深度，人类社会得以跳出这一陷阱，产品生产的内部规模经济和范围经济促生了集聚效应，这为人类社会城镇化的发展提供了强大的动力。由此，形成了一种良性循环：随着经济总体的不断提高和人均收入水平的提升，产业发展顺利推进，产业结构不断优化，也带动了城市化进程的不断推进。这从前文对世界范围内四次产业革命演进的分析中也可得以验证。

首先，英国基于纺织、采煤炼铁、机器制造和海运等产业繁荣确立了"世界工厂"的核心地位，以工业化为前提，经历近百年的时间，于1850年成为世界上首个基本实现城市化的国家。其后，伴随着产业高度发展带来了国内产业成本的逐渐升高，这直接促成了19世纪后半叶英国向法、德、美等国家进行产业转移，开启了国际性产业转移的序幕，并引发了这些国家大规模的城市建设，"广场革命"和"美化运动"等一系列举措将城市建设与城镇化发展进程提到了一个新的阶段。20世纪中叶，英美等国对产业结构进行了重大调整，纺织、钢铁等传统产业逐步向日本、新加坡和我国港台等地转移，直接使"亚洲四小龙"在这一区域脱颖而出，以日本为例，仅1950～1977年，日本城市化水平就实现了从37%翻一番，达到76%，年均增长1.3个百分点，东京、大阪和名古屋作为产业转移主阵地的三大都市，在1960年以来的10年间，就一直保持城市化率年均增速高达2.5%，也成为全球人口密度最高的地区之一，时至今日这一形态也未有改变。20世纪70年代以来，受世界石油危机和国际形势的影响，纺织、服装等劳动密集型产业，高污染性产业再次向东亚、东南亚和拉美国家转移，最为代表性的是韩国，其间，韩国一度成为全球城市化发展最快的国家，1960～1990年韩国城市化率从不足30%迅速提升至74%，相对于30年间保持1.5%的年均增速，也理所当然地将韩国提升为高度城市化的国家。以我国东南沿海地区为代表承接产业转移发生在第四次国际产业和科技革命期间，1990

年我国第四次人口普查数据显示，当时东部沿海地区城镇化率仍不足 30%，2010 年第六次人口普查时，这一结果也已然翻倍，明显高出全国不足 50% 的水平。从城镇化发展的引领看，一度出现了我国人口空间结构明显的"孔雀东南飞"现象，催生了我国从珠三角到长三角的城市和城市群并保障了其发展。

全球范围内产业转移与城镇化发展历程表明，承接产业转移与城镇化发展之间有着内在的耦合关系。甚至也可以这样总结：一定意义上说，世界范围内的产业发展与城镇化进程就是一部产业转移史。然而，这并非两者逻辑关系所呈现的全部，也就是说，仅仅基于宏观层面的现象描述并不能完整地包含这种耦合关系的内在本质。如拉美国家城镇化率畸高，承接产业转移不足，形成国家内部大量贫民窟；部分重化工业化国家和转型国家，城市化水平落后于承接产业转移水平，国家经济长期失衡。由此，要深入理解两者之间的耦合关系，就非常有必要深化对其协同发展的基本过程、动力机制、影响因素及城市—区域效应的分析与研究，从而系统地揭示两者协同耦合的基本逻辑并积极服务于社会实践。

（二）我国产城关系阶段分析

正如前文所述，产城融合是产城关系发展的一种理想态势，反映了城市空间与产业发展的相伴共生、互动与协调。肇始于 20 世纪 80 年代的改革开放，有力地催生了我国东部沿海地区深度切入全球生产价值链条，吸引了全球资本、技术向我国内陆持续流动，我国开始了以（重化）工业化为核心引领和推动的经济社会发展。其中，作为城市—区域招商引资和积极承接产业转移的主要窗口和空间载体，开发区开始成为社会经济发展的伴产物，风靡于东南沿海。

从我国开发区建设的历程上看，可以划分为四个阶段。一是开发区建设的早期阶段，以改革开放至20世纪90年代初期，以14个沿海港口城市的开放开发政策和15个国家级经济技术开发区为代表，树立了我国改革开放的里程碑。二是整个20世纪90年代，尤其是以1992年邓小平南方视察、浦东开发为代表，掀起了我国新一轮全方位开放开发的建设高潮期。大量外国资本积极涌入，跨国公司竞相投资，各地纷纷建立开发区，形成了从国家级到乡镇级的大泛滥，也同期开启了开发区、经开区、高新区等多种类型的工业园区建设，同时也出现了城市新区、区域新城、大学城等诸多新型城市空间，但也不可避免的是，大量土地甚至被无端"圈入"而长期闲置。三是21世纪之初的五年，开发区建设进入反思调整阶段，其间，2003年国土资源部会同国务院有关部门对全国各类开发区进行清理整顿，力度空前，合计撤销各类开发区4813个，核减开发区规划面积2.5万平方公里，分别压缩了70%和64%。四是2005年以来，开发区发展逐渐步入成熟阶段，在城市—区域发展中起着经济推动器的作用。但经济繁荣的背后，开发区的一些问题也同时逐步显现，主要表现为结构功能单一、产业层次单一、与区域发展脱节、就业人群与消费结构不相匹配等（刘瑾等，2012）。进入"十二五"以来，产城融合作为城市—区域发展和承接产业转移一个重要的核心概念，也应势得到了广大学者和各地政府部门的广泛关注与积极响应。由此可以看出，我国开发区建设一度"轰轰烈烈"，当前需要对其进行理性思考与现实考量，一方面，开发区为我国城市—区域解决发展和承接产业转移做出了不可磨灭的重要贡献；另一方面，开发区建设过程中对城市—区域建设、城乡配套、民生就业保障等的忽视也会带来诸多问题甚至是严重的影响，并进而制约开发区的进一步发展，以及开发区与周边区域、城镇之间的相互协调问题等都是未来阶段推进产城关系互动融合的重要挑战。

（三）从产业空间到产城融合

产业空间是促进城市—区域经济发展的重要空间载体，多被冠以工业园区、产业园区、科技园、产业集聚区等名称，共同的特点是作为城市—区域空间发展的重要增长极和增长板块。产业集聚区建设初期，主要以产业发展用地需求的集聚、扩张等经济功能为发展要义，随着园区发展的逐步深入，产业园区与外围地区对实现经济对接、空间协调与功能复合的需求愈发明显。理论研究和国内外产业园区的发展逻辑均表明，产业园区经过一段时间的高速发展，基本都会经历从"纯工业区"到"拥有部分配套的工业园区"再到"产业新城"的发展历程。由此可以说，"产城融合"应是居住与就业的融合，核心是使产业结构符合城市发展的定位，成熟的产业园区应是"个性十足"的城镇社区。这显然可以通过产业调整服务于城市的功能改造，吸取前车之鉴，不再出现类似产业用地僵化，居住和配套服务设施缺乏，潮汐式通勤与夜城、睡城，生态环境被忽视，入驻产业难达预期，产城互动不够等问题。未来的产业集聚区将不仅是一个科技成果转化的产业孵化基地或简单的科技工业园区，而且是基于人才引领、众创生态、产城融合的知识社区。

近年来，随着城市规模的迅速扩大和产业结构的不断调整，产业园区的发展均面临转型发展的时代要义和现实需求。中西部地区积极探索并不断加快以承接产业转移为基础促进产业功能提升与城市功能协同发展，推进产业集聚区由单一的工业园区向产业新城转变，促进产城互动与融合就具有重要的现实意义。

三 产业转移背景下的产城关系：微观视域

（一）中西部地区发展概述

2010 年，国务院发布的《关于中西部地区承接产业转移的指导意见》，标志着推动区际和空间层面上的产业转移已经上升为国家战略；翌年，中国城镇化率突破 50%，达到 51.27%，标志着我国开始进入以城市型社会为主的新的历史时期。其后，围绕着城镇化发展质量的提升逐步浮上水面，以人为本的新型城镇化发展也更多体现在政府工作文件和报告中，尤其是党的十八大报告，十八届三中、四中、五中全会精神，以及 2015 年的中央经济工作会议等都陆续对我国新型城镇化发展进行了总体战略部署，从我国中西部广大地区的发展实践中可以看出，在有序实现城市—区域"三化协调""四化同步""五化协同"，推进城镇化健康发展的过程中，明确提出"提高城镇化质量"的时代要求，也标志着我国新型城镇化发展将进入一个新阶段。由此可以说，时间上的紧密连接与递进势必使两大国家战略在中西部地区呈现一系列的"时空耦合"：一方面，未来一段时间甚至在更长的时间范围内，中西部地区将成为发达国家和我国东部沿海产业转移的主要承接地；另一方面，伴随着中西部地区积极承接产业转移和经济社会发展，中西部地区将成为新一轮或新型城镇化快速发展的主战场。由此，从理论和现实层面探析产城互动关系，推进产城融合，实现中西部广大地区两大国家战略的有序与协调发展，便成为一项亟待深入的重大任务和课题。

为促进中西部地区加快承接产业转移，近年来国家共批准设立了安徽皖江城市带、广西桂东、重庆沿江、湖南湘南、湖北荆州、黄河金三角（跨山西、陕西、河南三省）等六个国家级承接产业转移示范区，各省也基于自身需求设立了省级、市级产业转移示范城市等。从六个国家级承接产业转移示范区空间范围看，涵盖了中部地区 6 省中的 5 个（江西除外），以及西部地区承接产业转移的主要和重点地区。这些省区大多处于工业化的中期阶段，存在积极承接产业转移的广泛需求，也都能基于自身资源禀赋和产业梯度向转移企业提供力所能及的优惠政策与服务举措以加大承接产业转移的力度和规模，围绕珠三角、长三角、京津环渤海地区开展重点对接服务，也不断加强与这些地区的合作交流，以深入推进产业互补、城市合作、区域协调发展。

（二）河南省产业集聚区推进产城融合分析

2008 年以来，河南省基于区域经济发展现状与现实需求规划建设了 180 个产业集聚区。以此为依托和空间载体，将努力招商引资和积极承接产业转移作为"一举应多变""一招求多效"的战略性举措，开始进行大规模承接产业转移。各地围绕发展主导产业，通过链式招商、以商招商、以情招商、全民招商等多元化渠道和模式，大力推进招商引资和承接产业转移，加快推动企业签约落地并投产建设，以区域资源禀赋与自生优势加快培育壮大优势产业集群和特色产业发展，一大批产业集聚区建设如火如荼，成绩斐然。2014 年，全省产业集聚区实现规模以上工业从业人员突破 350 万，仅富士康近年来承载劳动力就业就常年维持在 30 万人左右，成为带动河南省劳动力就业的主战场。2014 年，产业集聚区实际利用外资超过 80 亿美元，占全省的比重为 54% 以上。实际到位的省外资金 4320 亿元，同比增长 19% 左右，占全省的比重 60% 以上。全省产业集聚区万元产值能耗同比下降 11% 以上，已经成为加快新型城镇化的重要推动力和扩大转移就业的主要支撑点。此处以河南 18 个省辖市 2014 年生产总值（取对数）为横坐标，以当年各地市范围内全部产业集聚区承载规模以上工业从业人员（取对数）为纵坐标进行分析，可以发现（见图 3 - 1），两者存在显著的线性关系，或者说，承载劳动力就业是区域经济发展的线性关系，产业集聚区承接产业转移实现产业与经济发展有助于推动劳动力就业水平的提高。同时，以河南省中心城市郑州和区域性中心城市商丘为例进行分析（见表 3 - 6），可以洞察河南省 180 个产业集聚区自建设以来推进人口就业、产业发展与城市发展的基本过程、动态和趋势，以便分析河南省产业集聚区产业发展与承载劳动力就业的相互关系。

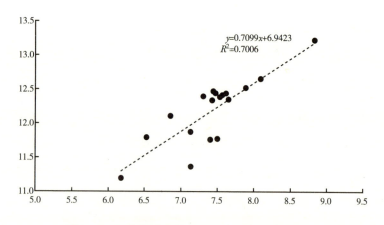

图 3 - 1　河南省产业集聚区产业发展与就业关系

表 3 - 6 郑州市与商丘市产业集聚区法人单位数与发展水平

名称	全行业（个）		工业（个）		重点服务业（个）		2014 年发展水平		
	2011 年	2014 年	2011 年	2014 年	2011 年	2014 年	规上工业产业人员（人）	规上工业主营收入（亿元）	固投额（亿元）
全省合计	8984	12959	6009	8571	276	553	4010167	37968	15999
郑州市合计	983	1393	604	768	25	91	553784	5695	1711
郑州市占比	0.109	0.107	0.101	0.090	0.091	0.165	0.138	0.150	0.107
郑州马寨产业集聚区	82	110	69	88	—	—	14207	152.7	53.4
郑州市金岱产业集聚区	4	25	2	4	1	1	1604	5.0	15.0
郑州上街装备产业集聚区	35	44	32	41	—	—	7537	161.7	31.4
郑州国际物流产业集聚区	54	88	52	55	—	25	—	—	—
郑州市中牟产业集聚区	53	36	46	16	—	—	8665	32.9	123.3
郑州市中牟汽车产业集聚区	14	58	14	53	—	1	20332	248.3	108.9
巩义市产业集聚区	58	75	58	73	—	1	19824	496.6	61.0
巩义市豫联产业集聚区	5	47	5	43	—	—	13656	270.1	62.2
荥阳市产业集聚区	30	51	23	32	1	3	22217	293.1	83.0
新密市产业集聚区	28	39	28	34	—	—	24869	259.7	140.7
新郑新港产业集聚区	54	61	40	48	—	2	18478	260.1	93.1
登封市产业集聚区	12	43	12	36	—	—	21455	203.8	73.5
郑州经济技术产业集聚区	215	349	59	87	1	46	58909	852.1	319.7
郑州高新技术产业集聚区	269	285	114	111	19	10	42596	386.9	158.0

续表

名称	全行业（个）		工业（个）		重点服务业（个）		2014年发展水平		
	2011年	2014年	2011年	2014年	2011年	2014年	规上工业产业人员（人）	规上工业主营收入（亿元）	固投额（亿元）
郑州航空港产业集聚区	70	82	50	47	3	3	279435	2072.0	388.5
商丘市合计	532	1043	340	653	9	65	264324	1671	1201
商丘市占比	0.059	0.080	0.057	0.076	0.033	0.118	0.066	0.044	0.075
商丘经济技术产业集聚区	78	82	42	45	1	—	12156	52.6	90.1
豫东综合物流产业集聚区	10	52	6	10	1	15	897	6.6	32.8
商丘市梁园产业集聚区	71	147	28	72	1	1	16411	138.9	105.5
商丘市睢阳产业集聚区	34	82	29	63	—	8	21427	138.5	95.5
民权县产业集聚区	68	115	43	72	—	10	18143	172.4	146.2
睢县产业集聚区	29	115	29	68	—	17	44218	149.1	142.0
宁陵县产业集聚区	29	71	22	54	—	4	12389	102.4	47.2
柘城县产业集聚区	83	104	40	60	7	5	18799	164.1	133.6
虞城县产业集聚区	59	103	45	74	—	4	46866	216.9	148.1
夏邑县产业集聚区	46	118	40	95	—	—	33959	183.9	140.2
永城市产业集聚区	25	54	16	40	—	1	39059	345.9	119.8

资料来源：根据2012年和2015年《河南统计年鉴》整理。

　　由表 3 - 6 可以看出，在法人单位数方面，2011 年（首次发布该类统计数据）至 2014 年底，在全省层面上，180 个产业集聚区法人单位数突破 1 万，达到 12959.0 个，增幅为 44.2%，分行业来看，工业和重点服务业法人单位数均实现了明显增长，其中前者保持与全行业同等增幅，其在全部法人单位数中的占比在 2011 年以来的几年间始终保持在 66.7% 的水平；后者完全实现翻一番的增长，其在全部法人单位数中的占比由 2011 年的 3.1% 提升至 4.3%。在地级市层面，无论是全行业还是工业法人单位数，郑州市在全省中的占比都维持在一成左右，但遗憾的是呈现下降态势，与其作为全省龙头城市的地位不相符合，令人欣慰的是，重点服务业法人单位数由 2011 年的 9.1% 一跃提升至 16.5%。更加可喜的是，作为豫东门户和区域性中心城市，商丘市法人单位数在全行业、工业和重点服务业都实现了大幅攀升，尤其是重点服务业，2014 年在全省中的占比为 11.8%，相当于 2011 年的近 3.6 倍。

　　从业务水平上看，由于 2011 年统计数据缺乏，这里仅对各产业集聚区 2014 年发展水平进行分析。在规上工业产业人员方面，全省 180 个产业集聚区规模以上工业产业人员约 401.0 万，其中，郑州市约 55.4 万，商丘市约 26.4 万，郑州市相当于商丘市的 2 倍，两者合计占到全省的 1/5，由此来看，作为区域性中心城市，其在产业发展中的人口集聚效应非常明显。在业务收入方面，全部产业集聚区规模以上工业主营业务收入 37968 亿元，其中，郑州市和商丘市合计收入 7366.0 亿元，前者占比达到全省的 15%，而后者仅为 4.4%，郑州市相当于商丘市的 3.4 倍。然而，两者合计占比达到全省产业集聚区 1/5 的水平（19.4%）。在产业投资方面，全省产业集聚区固定资产投资额 2014 年底达到近 1.6 万亿元，其中，郑州市占比为 10.7%，商丘市占比为 7.5%，合计占比为 18.2%。这一比例与规上工业产业人员和规上工业主营收入占比水平基本一致。

从产业集聚区单体看，郑州市合计 15 个产业集聚区，其中，经济技术产业集聚区和高新技术产业集聚区均为国家级开发区，发展基础明显优先于其他产业集聚区，且能够保持绝对优势甚至龙头地位。分区域看法人单位数：在中心城区，郑州马寨产业聚集区和郑州航空港产业聚集区发展水平仅次于国家级开发区；远郊县市中，郑州市中牟产业聚集区、巩义市产业聚集区和新郑新港产业集聚区保持领先水平，新密产业聚集区和登封市产业集聚区落后，工业法人单位数与全行业法人单位数在分区层面态势基本一致。重点服务业方面，郑州国际物流产业集聚区和郑州经济技术产业集聚区保持了绝对优势的发展水平，前者实现了从 0 到 25 的突破，后者实现了从 1 到 46 的发展，巩义市产业聚集区和新郑新港产业集聚区实现了从 0 到 1 或 2 的突破，其他产业集聚区则表现不太明显。规上工业产业人员方面，郑州航空港产业聚集区一骑绝尘，实现近 28 万人就业，占郑州市产业集聚区的半数以上，富士康科技城功不可没。规上工业主营收入方面，郑州航空港产业集聚区居首位，巩义市产业聚集区、郑州经济技术产业聚集区、郑州高新技术产业集聚区次之。固投额方面与规上工业主营收入基本一致，其中不可忽视的是，中牟县两个产业集聚区呈现快速发展的态势。

商丘市共计 11 个产业集聚区，其中市区 4 个、县市产业集聚区 7 个。2011 年全行业法人单位数和工业法人单位数在区域层面较为均衡，2011～2014 年，梁园区、夏邑、民权均处于全市产业集聚区的领先水平。重点服务业方面，全市产业集聚区呈现两种态势：一种是包括商丘经济技术产业聚集区、商丘市梁园产业聚集区、夏邑县产业聚集区和柘城县产业聚集区，保持不变甚至出现下滑态势；另一种是其他县区市均实现了重大突破，睢县产业聚集区、民权县产业聚集区均实现了从 0 到 10 个以上的发展，物流园区也由 1 个增加至 15 个，形势喜人。规上工业产业人员方面，以制鞋为主的睢县产业集聚区、以钢卷尺为典型的虞城县产业集聚区承载的就业人员最多，也说明了积极承接劳动密集型产业转移能够实现区域就业水平的显著提升。规上工业主营收入和固投额方面，大多县区市也实现了近 100 亿元水平级的增长。2011～2014 年，尽管商丘市在全行业、工业和重点服务业等各领域的法人单位数与郑州市还有明显的差距，但不得忽视的是，商丘市与郑州市的各项差距在逐步缩小甚至弥合。

综上，积极承接产业转移，能够推进产业的快速发展，承载更多的劳动力就业，进而以社区建设和产业集聚区建设共同推进土地城镇化和人口城镇化发展，实现产城关系的进一步互动与融合。

（三）民权县产城融合案例分析

民权县产业集聚区位于商丘市民权县南部，南邻连霍高速公路，北接陇海铁路，东与宁陵县接壤，西至西迎宾路，310国道穿区而过，交通便捷、区位优越，是河南省政府确定的第一批产业集聚区。全区规划面积26平方公里，建成区16平方公里，近年来强力打造以制冷为主导产业的产业集群。

由表3-6可见，自产业集聚区建设以来，民权县实现了承接产业转移的重大进步，2011年实现产业集聚区全行业法人单位数位居商丘市11家产业集聚区第4位，至2014年提升至并列第3位。从工业法人单位数看，尽管统计序列有所变化，由2011年的第2位降为2014年的第3位，仅次于虞城县产业集聚区和夏邑县产业集聚区，但优势依然明显。令人艳羡的成绩体现在重点服务业方面，2014年重点服务业法人单位数一口气创建了10家，实现了2011年以来零的突破，且位居仅次于睢县产业聚集区和豫东综合物流产业聚集区的第三位，这一成绩即使放在郑州15个产业集聚区中也毫不逊色，仅次于郑州国际物流产业聚集区和郑州经济技术产业集聚区，与郑州高新技术产业集聚区并列第三位。也就是说，经过短短7年的发展，民权县积极承接产业转移，打造"冷谷"产业集聚区成效明显、进展迅速，也在河南省产业集聚区发展中陆续获得"十强""十佳"等多项荣誉，一方面，成功晋级全省产业集聚区"创星"行列，另一方面，夺目的成绩直接推动了县委县政府领导的晋升，政治激励效应引发了民权县产业集聚区建设的良性循环。

从产业就业看，民权县 2014 年实现规模以上工业从业人员 1.8 万人，位列全市第 5 位。在此需要解释的是，尽管白色家电制造业呈现一定的劳动密集型特征，但其技术密集型产业的特质也已然彰显。在对民权县产业集聚区实地调研的过程中也发现，转移到民权县的不少制冷企业如香雪海、澳柯玛、阿诗丹顿等重点企业或龙头企业，都对冰箱、冷柜、冷藏车等主导产品的技术要求和标准愈加重视和积极实践，以香雪海为例，其转移至民权县产业集聚区的不仅包括制冷车间、产品销售，还有技术研发、集团总部，实现了企业的全部搬迁，在民权县产业集聚区内推进自主研发设计，并向为其提供全产业链配套的十几家随之搬迁的中小企业提供技术消化与传导。同时，作为冷柜行业连续 18 年销售冠军的澳柯玛将生产线全部搬迁转移至民权县产业集聚区，还有阿诗丹顿、华美等企业强势入驻，无形的竞争市场也促使香雪海必须不断深化和推进以技术研发来适应和调节市场。因此，市场的竞争带来技术工人和技术人才的激烈竞争，尽管民权县以此见长，但当前对技术工人和技术人才的争夺战已然爆发，民权籍制冷人才非常走俏，县委县政府也制定了培育人才和引进人才的多项举措，也是对技术和研发的一种呼唤，甚至连民权县产业集聚区的名气也得到了进一步提高，"民权县高新技术产业开发区"这一政府冠名也充分印证了这一点。由此看来，较之其他以制鞋、卷尺生产为主的劳动密集型就业，民权县由

"制冷产业生产基地"向"冷谷"的转型建设已然呈现技术密集型和资本密集型的特质。

在城市建设方面，民权县始终坚持"规划无缝对接、基础设施互通、配套服务共享"的基本理念，以产业集聚区和城区共建为原则，统筹城区和产业集聚区基础设施共建，围绕"大投入、大建设、大发展带来大变化"的总体目标，政府部门大力加强基础设施建设，完成了产业集聚区 16 平方公里建成区的框架建设，构建了"六横十二纵"的交通网络，做到产业集聚区和城区内道路管网的无缝对接，实现基础网络、宽带信息全覆盖，营造了承接产业转移的大环境。

从集聚区发展软环境上看，一是完善公共服务平台，在城关镇铁道北部成立绿洲街道办事处，由城关镇铁道南部和花园乡北部部分村庄组建南华街道办事处，建立了产业集聚区融资平台、金融单位和担保机构三方合作机制，不断提高融资能力，为承接产业转移创造了良好条件。开工建成了高新区行政服务中心和集 CEO 大楼、科技楼、专家楼、职工公寓、员工餐厅、商务中心为一体的生活服务中心。二是构筑技术平台，从服务主导产业发展、提升产业竞争力的角度出发，积极争取，成功申报设立了中国科学院制冷专业院士工作站和工程技术中心、河南机电高专制冷技术学院，积极创制民权制冷标准，通过近几年的建设发展，城市框架逐步拉大，承载力显著提升。当前，民权县城市框架范围已达近 60 平方公里，特别是随着区内产业用工的不断增加，城区人口和就业大量向集聚区集中，促进了产业集聚区的良性发展和产城关系的深入互动与融合。

四 结论与启示

第一，承接产业转移与城镇化发展之间存在着内在的耦合关系，健全的城市化发展有赖于所承接的产业转移与这一城市—区域的产业系统相关联和配套，城市化进程的推进同时又是提高城市—区域产业承载能力、优化产业结构与配置的重要条件。通过承接产业转移实现城市—区域竞争力的提升、规避产城分割、推进产城融合发展，也已成为城市—区域发展的一个重要的现实选择。

第二，未来一段时间甚至更长的时期范围内，中西部地区将成为发达国家和我国东部沿海产业转移的主要承接地，国家级承接产业转移示范区和省级产业集聚区应积极迎接这一战略机遇。

第三，基于对河南省180个产业集聚区自建设以来推进人口就业、产业发展与城市发展的基本过程、动态和趋势的分析，认为当前河南省以招商引资和积极承接产业转移作为"一举应多变""一招求多效"的战略性举措，其正向效应已然呈现：产业集聚区建设几年来，在转移企业主体、实现产业集聚区劳动力就业、承接内外部产业投资、增强城市—区域产业实力与竞争力等方面成绩斐然，尤其是劳动密集型产业就业拉动最为显著，技术密集型、资本密集型产业溢出效应已然呈现。

第四，不容忽视的是，河南省产业集聚区竞争态势已然呈现并呈加剧趋势。一方面，产业集聚区发展出现明显分化，部分产业集聚区如民权县产业聚集区借助打造"冷谷"实现了城市—区域的重大发展或飞跃，部分产业集聚区或因主导产业不明显等出现了产业承接效应不明显甚至是有所退化的现象。因此，引入产业集聚区的退出机制也是产业集聚区发展的应有之义。作为河南省乃至中原经济区建设的核心城市，郑州市产业集聚区承接产业转移的速度、效应与其政治经济地位并不相符，经济首位度效应受到产业转移不小的挑战，积极承接高端制造业、高端服务业仍是郑州市产业集聚区发展的重点和难点，加快航空都市、智慧城市、大郑州都市区发展还有赖于未来承接产业转移的更多思考和积极实践。

第四节　伴随产业转移的资本流动
影响因素分析

狭义的产业转移总是伴随着资本在国家和区域间的流动，所以，资本在区域间流动的规模是观察产业转移的一个重要侧面和指标。前面用多个因素对河南省18个地市的产业承接能力进行了排序，这里仍以河南为例，从资本流动的角度进一步讨论产业转移和承接状况，评价承接产业转移的能力，分析产业承接对地方经济发展的作用。

一 现状分析

2007 年次贷危机以后，河南省抓住沿海地区产业转移的机遇，在利用省外资金方面取得了突出成绩，具体详见图 3-2 至图 3-10。

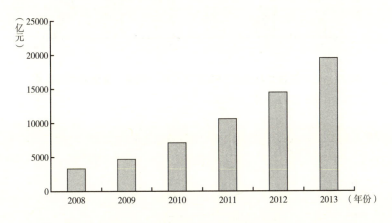

图 3-2 新签协议（合同）金额

资料来源：《河南统计年鉴》。

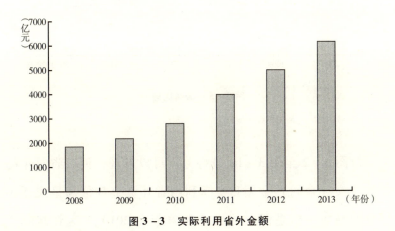

图 3-3 实际利用省外金额

资料来源：《河南统计年鉴》。

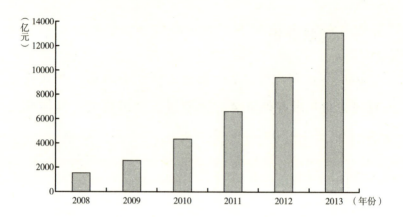

图3－4 新签协议（合同）金额与实际利用省外资金之间的差额

资料来源：《河南统计年鉴》。

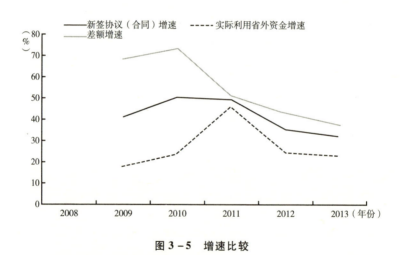

图3－5 增速比较

资料来源：《河南统计年鉴》。

对图3－2至图3－10进行分析可以发现，河南省每年的新签协议（合同）金额和实际利用省外资金数量都呈现逐年增加的趋势，但是两者的增速和差额在2010年达到高峰之后，一直呈现下降趋势。

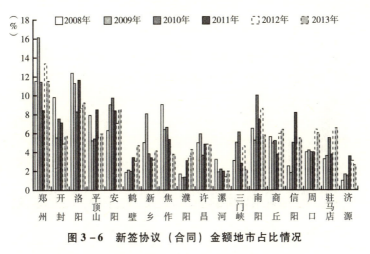

图 3－6 新签协议（合同）金额地市占比情况

资料来源：《河南统计年鉴》。

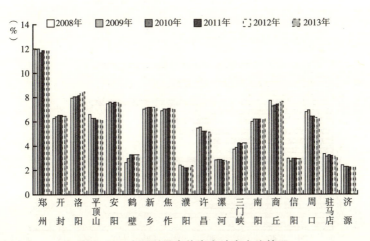

图 3－7 实际利用省外资金地市占比情况

资料来源：《河南统计年鉴》。

具体到河南省的各地市，郑州作为省会中心城市，在生产总值、新签协议（合同）金额、实际利用外资数量等绝对值方面都处于河南省的领先地位。但是在相对值方面，郑州处于中游地位，在实际利用省外资金占全省比例与生产总值

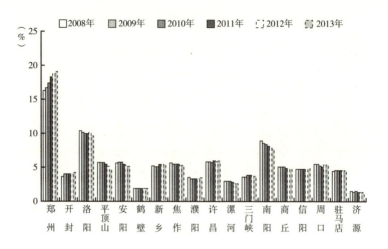

图3-8　各地市生产总值占比变化情况

资料来源：《河南统计年鉴》。

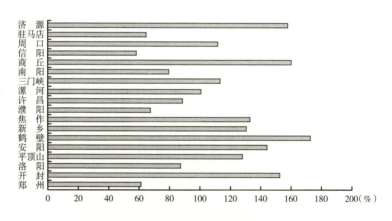

图3-9　2013年各地市实际利用省外资金占比与
生产总值占比对比情形

注：公式为实际利用省外资金占全省比例与生产总值占全省比例。
资料来源：《河南统计年鉴》。

占全省比例方面，超过1.4的就有鹤壁、济源、商丘、开封和安阳5个城市，超过1的则有焦作、新乡、平顶山、三门

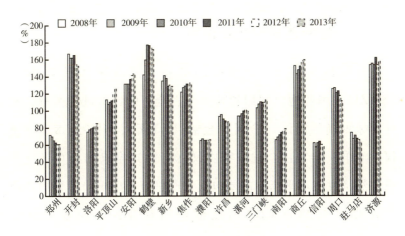

图 3 - 10　各地市动态对比

注：公式为实际利用省外资金占全省比例与生产总值占全省比例。

资料来源：《河南统计年鉴》。

峡、周口和漯河 6 个城市。

从这项比例可以看出，实际利用省外资金在各个地市之间存在差异，而且和当地的生产总值相比，并不是呈现简单的线性关系。如果将实际利用省外资金看作产业转移的代理变量的话，那么产业转移不仅受到生产总值的线性影响，而且受到非线性影响。对相关文献进行分析可以发现，陈耀、肖雁飞、关爱萍、万丽娟等认为，产业转移除了受当地经济发展水平的影响之外，还会受到金融发展水平、教育水平、研发投入等因素的影响。但是多数文献都是从理论层面进行分析的，本节拟从实证角度对产业转移进行分析。借鉴已有的区际产业转移的经验研究和 FDI 技术溢出的实证研究，利用河南省 18 个地市的相关数据，尝试分析产业转移的影响因素和影响水平。

二 指标选择和变量说明

利用河南省 18 个地市的数据，选取资本流动指标（SWZJ），用各地市利用省外资金占全省的比重进行衡量，此外还采取新签协议（合同）金额（XYJE），用各地市新签协议（合同）金额占全省新签协议（合同）金额的比重进行衡量。经济发展水平指标主要包括生产总值（GDPP），采取各地市的 GDP 与全省 GDP 的比值进行衡量；人均生产总值（RGDP），采取各地市人均 GDP 与全省人均 GDP 的比值进行衡量；产业结构水平（TGDP），采取各地市第二产业占比进行衡量；金融发展水平指标（DEGP），采取各地市存款余额占国民生产总值的比重进行衡量；教育发展水平指标（EDUP），采取各地市普通高中专任教师人数占当地总人口的比重进行衡量；科技发展水平指标（RDPP），采取各地市研发人员数占当地总人口比重进行衡量（见表 3-7）。首先进行数据的统计性分析。

表 3-7　数据的描述性统计

指标	SWZJ	XYJE	GDPP	DEGP	EDUP	RDPP	TGDP	RGDP
均值	0.0555	0.0555	0.0555	0.8357	0.0011	0.0026	0.5877	1.2878
中位数	0.0614	0.0506	0.0503	0.7794	0.0011	0.0019	0.5770	1.3491
最大值	0.1197	0.1612	0.1905	2.0075	0.0019	0.0111	0.7173	1.9176
最小值	0.0220	0.0102	0.0137	0.3951	0.0007	0.0001	0.4321	0.4471
标准差	0.0248	0.0296	0.0357	0.2992	0.0002	0.0022	0.0769	0.5397

资料来源：《河南统计年鉴》。

从表 3 - 7 可以发现，河南省各地市利用省外资金占全省的比例（SWZJ）均值为 0.0555%，中位数为 0.0614%，最大值是 2009 年郑州的数据，达到 0.1197%，最小值是 2011 年濮阳的数据，仅为 0.0220%。而新签协议（合同）金额（XYJE）方面与利用省外资金的数值相同，但是中位数为 0.0555%，低于均值。最大值是 2009 年郑州的数据，达到 0.1612%，最小值是 2008 年济源的数据，仅为 0.0102%。标准差方面，利用省外资金占全省的比例（SWZJ）为 0.0248，而新签协议（合同）金额（XYJE）为 0.0296，说明实际利用省外资金各个地市的占比分布要更为平均，而新签协议（合同）金额由于各地市的招商引资力度会有动态变化，因此波动性更大。

标准差方面，可以发现，EDUP 的值最小，仅为 0.0002。EDUP 是教育发展指标，采用各地市普通高中专任教师人数占当地总人口的比重进行衡量，说明河南省各个地市的教育发展水平、教师配备方面差异性较小。而 RGDP 和 DEGP 的标准差较大，RGDP 是各地市人均 GDP 与全省人均 GDP 的比值，RGDP 的标准差达到 0.5397，说明河南省各地市在人均 GDP 方面较为不均衡。DEGP 衡量的是各地市的金融发展水平，DEGP 的标准差达到 0.2992，说明河南省各地市的金融发展程度差异性很大。

三　实证检验

（一）地方产业转移承接能力的影响因素

根据前面的分析，一个地区的承接产业转移与当地经济

发展水平、金融发展水平、教育发展水平以及科研发展水平有关。据此设定回归模型为

$$SWZJ_{it} = C + \alpha GDPP_{it} + \beta DEGP_{it} + \gamma EDUP_{it} + \delta RDPP_{it} + \varepsilon_{it} \qquad (1)$$

其中，C 是常数项，i 表示河南省各地市，t 表示时间。$GDPP$ 表示河南省各地市的生产总值占全省的比例，体现了各地市的经济排名。但是各地市由于人口、辖区大小等因素的影响，生产总值的占比并不能完整地体现地市的经济发展水平，需要加入产业结构 $TGDP$、人均生产总值 $RGDP$，因此回归模型变为

$$SWZJ_{it} + C + \alpha GDPP_{it} + \beta DEGP_{it} + \gamma EDUP_{it}$$
$$+ \delta RDPP_{it} + \theta TGDP_{it} + \mu RGDP_{it} + \varepsilon_{it} \qquad (2)$$

利用数据进行分析得到表 3 - 8。

表 3 - 8　计量结果

被解释变量/解释变量	模型 1			模型 2		
$SWZJ$	混合回归	固定效应模型	随机效应模型	混合回归	固定效应回归	随机效应回归
$GDPP$	0.5688*** (0.0714)	-0.0266 (0.0499)	0.1036** (0.0440)	0.5809*** (0.0632)	-0.0611 (0.0530)	0.0936 (0.0452)
$DEGP$	-0.0088 (0.0076)	-0.0015 (0.0019)	0.0004 (0.0018)	-0.0107 (0.0068)	-7.00^{E-05} (0.0020)	0.0009 (0.0019)
$EDUP$	-21.9382*** (5.5429)	-0.3166 (0.1473)	-0.4444 (1.3282)	-23.3279** (4.8203)	-0.3470 (1.3878)	-0.7726 (1.3607)
$RDPP$	1.8056** (0.8322)	-0.0037 (0.1470)	-0.0576 (0.1463)	0.5977 (0.8869)	-0.0572 (0.1625)	-0.0448 (0.1561)

续表

被解释变量/ 解释变量	模型 1			模型 2		
SWZJ	混合回归	固定效 应模型	随机效 应模型	混合 回归	固定效 应回归	随机效 应回归
TGDP	—	—	—	− 0. 0585 *** (0. 0161)	0. 0279 *** (0. 0129)	0. 0119 (0. 0122)
RGDP	—	—	—	0. 0119 *** (0. 0026)	0. 0006 (0. 0042)	0. 0031 (0. 0034)
C	0. 0522 *** (0. 0689)	0. 0586 (0. 0036)	0. 0501 (0. 0047)	0. 0771 *** (0. 0131)	—	—
R^2	0. 7219	0. 9971		0. 7899	0. 9972	
Adjusted R^2	0. 7110	0. 9963	—	0. 7774	0. 9964	—

注：括号中的数值为标准差，*** 为 1% 水平下显著，** 为 5% 水平下显著，* 为 10% 水平下显著。

从表 3 - 8 的模型 1 可以看出，*GDPP* 是各地市的生产总值与全省生产总值之间的比值，因此，一个地区的产业承接能力或者说利用省外资金的能力与该市在全省的经济排名有显著的正相关关系。而 *EDUP* 表示的是一个地方的教育发展程度，是地市的高中专任教师占当地总人口的比重。河南省 18 个地市的利用省外资金能力与 *EDUP* 的系数为显著的负相关，说明河南省产业承接的主要是以低端劳动力为主的产业，教育程度的发达会减少低端劳动力的供给，从而降低该地吸引产业转移的能力。*RDPP* 是地市的研发人员占当地总人口的比重，从表 3 - 8 可以发现，该值为 1. 8056，而且显著，说明一个地方的产业承接能力与该地的科研环境有正向关系。

但是对于河南省的地市而言，由于各个地市的人口数量、辖区大小都有差异，一个地市的生产总值占全省生产总值的比例并不能完全反映一个地方的经济发展水平，还要从人均生产总值、产业结构等方面进行分析。模型 2 就加入了人均生产总值和产业结构的因素，由于产业转移和承接主要是以制造业为主，因此，产业结构采用第二产业占比进行衡量，人均生产总值以各个地市的人均生产总值与全省的生产总值的比值进行衡量。对模型 2 进行分析可以发现，生产总值、教育发展程度、科研发展水平的影响都较为显著，而新加入的反映经济发展水平的 $TGDP$ 和 $RGDP$ 都有显著的正向关系。但是无论是模型 1 和模型 2，金融发展水平的影响都不显著。

综合模型 1 和模型 2，一个地方的产业转移和承接与经济发展水平有显著的正向关系，尤其是在一省范围某一地区内，与其他地区的经济发展的相对水平。一般而言，东部沿海地区进行产业转移和落地时，如果一个地方在附近区域的经济发展水平较高，那么承接产业转移的可能性就越大。但是河南省的产业转移承接主要是以低端的制造业为主，看重的主要是河南省大量的低端廉价劳动力，而这些低端廉价劳动力主要是初中毕业的年轻人，因此，以高中专任教师数量占当地总人口的比例进行衡量的教育发展程度对于产业转移承接具有显著的负向影响。

（二）地方承接产业转移的影响

一个地区的承接产业转移会对经济发展产生辐射作用，

模型设定为

$$GDPP_{it} = C + \rho_1 SWZJ_{it} + \rho_2 DEGP_{it} + \rho_3 EDUP_{it} + \rho_4 RDPP_{it}$$
$$+ \rho_5 TGDP_{it} + \rho_6 RGDP_{it} + \rho_7 SWZJ_{it} \times DEGP_{it} + \rho_8 SWZJ_{it}$$
$$\times EDUP_{it} + \rho_9 SWZJ_{it} \times RDPP_{it} + \varepsilon_{it} \qquad (3)$$

利用河南省 18 个地市的数据进行分析，得到表 3 - 9。

表 3 - 9　计量结果

被解释变量/解释变量	模型 3		
$GDPP$	混合回归	固定效应模型	随机效应模型
$SWZJ$	0.6331 **	- 0.0161	0.7122 ***
	(0.2822)	(0.2217)	(0.1636)
$DEGP$	0.0077	- 0.0171 **	- 0.0184 ***
	(0.0135)	(0.0072)	(0.0069)
$EDUP$	13.9878	15.9059 ***	17.8567 ***
	(11.9459)	(4.9178)	(4.8024)
$RDPP$	- 5.3654 ***	- 1.7248 ***	- 2.2547 ***
	(1.9068)	(0.4848)	(0.4754)
$TGDP$	0.0033	0.0652 ***	0.0392 ***
	(0.0192)	(0.0206)	(0.0182)
$RGDP$	- 0.0115 ***	0.0209 ***	0.0066 ***
	(0.0027)	(0.0067)	(0.0044)
$SWZJ \times DEGP$	0.1118	0.1501	0.2299 ***
	(0.1621)	(0.1006)	(0.0948)
$SWZJ \times EDUP$	- 256.582	- 293.453 ***	- 306.597 ***
	(225.9748)	(65.2142)	(64.2012)
$SWZJ \times RDPP$	135.9563 ***	42.4889 ***	49.1846 ***
	(30.0031)	(7.4562)	(7.3837)
C	0.01154	- 0.0049	- 0.0158
	(0.02575)	(0.0180)	(0.0154)
R^2	0.8974	0.9966	
Adjusted R^2	0.8879	0.9955	

注：括号中的数值为标准差，*** 为 1% 水平下显著，** 为 5% 水平下显著，* 为 10% 水平下显著。

对表 3 - 9 进行分析可以发现，一个地方的经济发展与产业承接有显著的正向关系，并且产业承接对于一个地方的科研发展具有较强的推动作用，两者相互影响会对经济发展产生显著的正向关系。

（三）稳定性检验

为了保证检验的稳定性，我们采取新签协议（合同）金额对计量方程重新进行分析。结果发现生产总值对新签协议（合同）金额有显著的正向影响，科研环境和教育发展水平的影响变为负值，但是并不显著。而金融发展水平的影响并不显著。说明新签协议（合同）金额主要与本地的生产总值有关，但是像科研环境和教育发展水平等"软件"的影响并不显著。由此说明，招商引资的力度主要与地方的经济发展水平、地方政府的努力程度有关，但是项目的真正落地和资金到位的实现，需要科研环境等"软件"的不断完善。

四 结论和政策建议

通过对河南省 18 个地市的数据进行分析发现，一个地方的产业转移承接能力与该地的经济发展水平，尤其与周边地区的经济发展的相对水平有密切的正向关系，如果一个地方本区域范围内能够有较为突出的表现，那么它能够较好地吸引产业转移，而良好的科研环境与产业承接、经济发展有较好的互动关系。

但是由于河南省的产业承接主要是以低端的劳动密集型

产业为主，看重的是对当地低端廉价劳动力的需求，因此与该地的教育发展程度有一定的负向关系。产业承接所需要的资金主要是来自产业转出地，或者是企业的自有资金，因此与河南省的金融发展水平的关系微乎其微。

在政策建议方面，河南省为了更好地承接产业转移，需要进一步提升经济发展水平，进而与产业转移形成良好的互动关系。产业转移可以形成一定的技术溢出，提升本地的科研发展水平，促进经济发展，同时，较高的科研发展水平也可以提升本地承接产业转移的能力。但是根据稳定性检验可以发现，新签协议和资金的实际到位存在差异，这和政府的能力、努力程度以及政策执行有关，需要我们具体情况具体分析。

第四章 承接产业转移的典型案例分析

第一节 家电产业转移发展案例
——以民权县为例

一 中国家电产业发展情况

（一）1949～1978 年

家电产品仅仅就是人们口中的老"三大件"——自行车、缝纫机和钟表，受到生产力发展程度和经济体制的制约，这个阶段家电行业整体特点是产量低、技术落后，制冷家电行业发展更是缓慢，尚处于起步摸索时期。

（二）1979～1988 年

随着改革开放的到来，人民的生活水平提高，对家用电器的需求越来越强烈，新"三大件"（洗衣机、电冰箱、电视机）的需求越来越高。全国单一生产这三种商品的企业迅速增加到 100 家以上，家电行业主要是从日本、美国、欧洲引进先进技术和生产线，使产量由 2.8 万台激增至 757.63 万台，整个家电产业还处于"直接引用"阶段。

（三）1989～1995 年

随着对外开放不断加深，家电行业开始出现产能过剩，国家出台专门的治理政策。同时伴随着人们收入水平不断提高，渐渐产生了多样化的家电需求，而此时国外家电品牌开始进驻并占领中国高端市场，迫使中国家电企业不得不转变发展方式，中国家电产业开始进入成熟的发展阶段。在此进程中，厂商也开始注重技术的开发、产品结构的调整和售后服务质量的优化，家电行业的生产地也趋向于集中，从"直接引用"向"自主研发"转变，这也催生了中国目前著名的家电品牌，如海尔、TCL、长虹等。

（四）1996 年至今

随着中国家电行业产能超过了市场需求，中国的家电市场逐渐变成买方市场，生产经营也由粗放型向集约型转变。在技术、管理等方面具有优势的企业逐渐成为家电市场上的主体。家电企业纷纷展开激烈竞争，从单一的价格竞争到以技术、质量等为代表的非价格竞争成为新的发展趋势。此时的家电产业中，已经成长起一批拥有雄厚实力知名品牌企业，比如目前具有国际知名度的海尔、海信、TCL 和美的等。

在整个家电产业发展的过程中，尤其是 20 世纪 90 年代初期，伴随着产业转移、结构升级以及产业的专业化分工等趋势的加速，经过多年的高速发展，继青岛之后，中国又形成了广东顺德（以科龙、美的、格力、格兰仕为代表）、浙江慈溪（方太、先锋、沁园、奇迪为代表）两大家电产业圈（见表4-1）。近年来，安徽合肥也广泛承接产业转移，大力发展家电产业，在形成了初具规模的产业集群的同时也不断向外转移相关家电产业，完成产业优化进程。这些产业集群产生了巨大的产业集聚效应，形成了明显的区域竞争优势。

表4-1　中国主要家电产业圈

地区	形成及发展模式	企业规模
山东青岛	政府扶持及国有主导型模式	国有大型、超大型
广东顺德	市场创造与外商直接投资组合	大中小型企业并存
浙江慈溪	市场创造模式	民营中小型企业

资料来源：中国经济网，http://www.ce.cn/cysc/ztpd/09zjzs/jd15Q3/zss/201510/28/t20151028_6834363.shtml。

2015年1~9月，中国家电行业主营业务累计收入为14306.8亿元，其中冰箱产品主营业务收入为9400.1亿元；家电行业固定资产投资总额为13959.8亿元；家电行业从业人数为184.4万人。

二　中国冰箱产业发展情况

在整个家电行业中，电冰箱行业已经处于产业生产周期的成熟期，期间经历过市场扩展、市场萎缩、市场回升、市场过剩、市场调整五个阶段，所以为了增加研究的针对性，本案例以冰箱产业为着力点，分析冰箱产业在全国生产和销售市场的情况变化，进而分析整个家电行业产业转移发展情况。

（一）从生产领域分析中国冰箱产业转移情况

中国各区域家用电冰箱产量见表4-2。

表4-2 中国各区域家用电冰箱产量

单位：万台

地区	2000年	2001年	2002年	2003年	2004年	2005年	2006年	2007年
全 国	1514	1352	1600	2208	3044	3024	4036	4407
东 部	961	872	1031	1493	2103	1899	2730	2778
中 部	434	374	428	496	693	882	1004	1306
西 部	86	83	77	103	118	111	155	189
东 北	34	23	64	117	131	132	148	134
中西部	519	457	505	598	811	993	1159	1495

地区	2008年	2009年	2010年	2011年	2012年	2013年	2014年
全 国	4893	6118	7534	8699	8427	9261	8796
东 部	2988	3743	4335	4257	4504	4760	4677
中 部	1563	2032	2725	3883	3372	3840	3452
西 部	202	247	386	463	450	576	510
东 北	139	96	88	96	102	85	157
中西部	1766	2279	3111	4346	3822	4416	3962

资料来源：中国经济与社会发展统计数据库，http：//tongji.cnki.net/kns55/Dig/dig.aspx。

中国各区域家用电冰箱产量如图4-1所示。

东部沿海地区凭借对外开放、引进外资和先进的技术，在家用冰箱产业的生产上具有先天优势，又凭借科技进步与政策扶持等条件，冰箱产业不断发展壮大。但是受世界经济大环境的影响，以及中国处于经济换挡期增速放缓，导致冰箱乃至整个家电行业销售不景气，而且沿海生产成本不断提高，人们家电需求日趋多样化，冰箱产业的发展速度减缓。

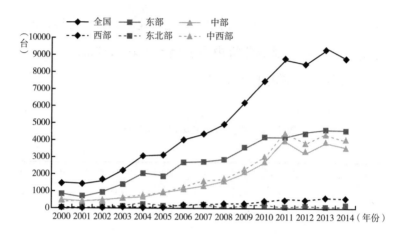

图4-1　中国各区域家用电冰箱产量

在第四次产业转移的大潮中，具有一定生产要素优势的中西部地区开始大力招商引资，中西部地区冰箱产量不断提高。随着经济新常态的出现，盲目地无序竞争、注重引进数量轻视产业落地生根，导致价格大战使冰箱产量发生波动。痛定思痛，冰箱产业增加研发投入、加强自我创新，主动迎合消费者日益多样化的家电需求，冰箱产业产量在动荡中一路攀升。

随着"家电下乡""以旧换新""节能补贴"政策的落地、实施、到期，东部地区凭借较好的经济条件，产量波动较小，产品层次不断提升，低端产品生产线逐步向中西部地区转移。而中西部的冰箱产业产量则随着政策运行过程发生波动，同时也注重吸收消化再创新，中西部以及全国家电产业出现梯次转移和整体向好发展的趋势。总体上，东部与中西部的冰箱生产能力不断提升，产量不断增加，且中西部的变动幅度大于东部地区。

中国各区域家用电冰箱产量占比如表4-3所示。

表4－3 中国各区域家用电冰箱产量占比

单位：%

地区	2000 年	2001 年	2002 年	2003 年	2004 年	2005 年	2006 年	2007 年
东 部	63.47	64.51	64.48	67.61	69.07	62.80	67.62	63.04
中 部	28.63	27.66	26.73	22.44	22.75	29.15	24.87	29.63
西 部	5.66	6.13	4.81	4.65	3.88	3.68	3.85	4.29
东 北	2.24	1.70	3.98	5.30	4.30	4.36	3.66	3.05
中西部	34.29	33.79	31.54	27.09	26.63	32.84	28.72	33.92

地区	2008 年	2009 年	2010 年	2011 年	2012 年	2013 年	2014 年
东 部	61.07	61.18	57.54	48.94	53.44	51.40	53.17
中 部	31.95	33.21	36.17	44.63	40.01	41.47	39.24
西 部	4.13	4.05	5.12	5.32	5.34	6.22	5.80
东 北	2.85	1.57	1.17	1.10	1.20	0.92	1.78
中西部	36.08	37.25	41.29	49.96	45.35	47.69	45.05

资料来源：中国经济与社会发展统计数据库，http：//tongji.cnki.net/kns55/Dig/ dig.aspx。

中国各区域家用电冰箱产量占比如图4－2所示。

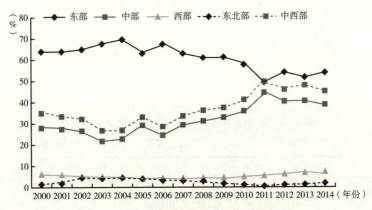

图4－2 中国各区域家用电冰箱产量占比

在全国各区域冰箱产业不断向前发展的同时，产业转移趋势也不断显现，东部地区的占比不断下降，其冰箱产业逐步向外转出，其市场产量呈现先上升后下降的趋势，2011 年开始缓慢提升，2014 年其产量占比低于加入中国世贸组织时 10 个百分点。而中西部地区占比与之相反，在动荡中呈现增加趋势，2014 年正好上升至 45%。

（二）从市场消费领域分析我国冰箱产业转移情况

在市场消费领域，本书选取了东部地区的北京市和广东省、中部地区的安徽省与河南省、西部地区的重庆市与宁夏回族自治区，以城镇居民每百户拥有电冰箱和农村居民拥有电冰箱数量为指标，进行对比分析，发现中西部地区消费冰箱数量低于东部地区，但是消费增速快于东部地区。而且中西部地区人口基数大，市场上升空间潜力大，劳动力成本上升缓慢。中西部地区地域广阔，土地成本增长缓慢，中西部地区的区位优势创造低廉的物流成本，这些逐渐成为促使产业转移的主要因素。

全国各区域城镇居民每百户拥有冰箱数量，见表 4 - 4 与图 4 - 3。

表 4 - 4　全国各区域城镇居民每百户拥有冰箱数量

单位：台

地区	2000 年	2001 年	2002 年	2003 年	2004 年	2005 年	2006 年
全国	80.10	81.90	87.40	88.73	90.20	90.72	91.80
北京	107.40	107.00	102.00	100.40	103.00	104.02	105.00
广东	81.87	82.87	89.67	92.56	93.42	93.90	94.09
安徽	83.50	84.94	87.62	88.54	89.85	91.75	92.23
河南	71.80	74.75	81.87	83.69	84.62	86.33	87.18
重庆	99.70	98.67	98.92	98.00	99.67	102.00	105.00
宁夏	72.00	75.05	77.54	79.53	80.48	79.48	81.22

地区	2007 年	2008 年	2009 年	2010 年	2011 年	2012 年	2013 年
全国	95.03	93.63	95.40	96.61	97.23	98.48	—
北京	108.13	103.00	104.00	103.45	102.64	103.40	103.00
广东	94.33	94.40	95.54	96.62	97.56	99.15	—
安徽	95.97	94.21	96.69	96.61	96.15	98.31	91.21
河南	90.70	87.02	88.17	90.70	92.07	93.37	91.94
重庆	100.88	100.70	100.23	101.17	99.15	98.96	99.09
宁夏	81.04	82.50	86.22	88.65	89.64	92.06	—

资料来源：中国经济与社会发展统计数据库，http://tongji.cnki.net/kns55/Dig/dig.aspx。

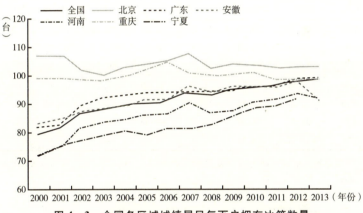

图 4-3　全国各区域城镇居民每百户拥有冰箱数量

从图 4-3 中可以看出，中西部地区城镇居民每百户拥有冰箱数量低于东部地区，但是其增幅大于东部地区，城镇冰箱市场有进一步挖掘的优势。由于中西部地区人口基数大，加之城镇化进程的加快，中西部地区具有较大的增长空间。同时面对消费需求的不断变化，中西部应该将招商引资的数量与质量并重，引进具有较高技术附加值的高端生产项目，促进技术升级。

全国各区域农村居民每百户拥有冰箱数量见表 4-5 与图 4-4。

表4-5 全国各区域农村居民每百户拥有冰箱数量

单位：台

地区	2000年	2001年	2002年	2003年	2004年	2005年	2006年
全国	12.31	13.60	14.83	15.90	17.80	20.10	22.50
北京	84.00	86.00	91.00	94.00	96.00	100.00	100.80
广东	15.12	16.17	18.32	18.95	20.35	24.73	27.54
安徽	8.20	10.48	11.55	12.61	15.45	21.71	26.87
河南	6.90	7.24	8.69	7.55	9.00	13.48	15.50
重庆	5.70	6.22	8.39	8.89	10.22	13.56	20.11
宁夏	6.00	7.17	9.50	8.83	10.00	10.17	12.33
地区	2007年	2008年	2009年	2010年	2011年	2012年	2013年
全国	26.12	30.20	37.11	45.19	61.54	67.32	—
北京	104.00	104.00	105.00	107.00	103.73	102.70	102.00
广东	31.70	34.90	41.33	49.10	60.94	66.39	—
安徽	34.40	40.71	51.42	63.30	74.77	79.77	84.26
河南	22.12	27.10	34.43	46.12	63.31	66.86	71.90
重庆	28.50	32.70	43.61	58.00	73.17	78.28	83.24
宁夏	14.70	18.70	27.70	35.33	52.13	61.13	—

资料来源：中国经济与社会发展统计数据库，http://tongji.cnki.net/kns55/Dig/dig.aspx。

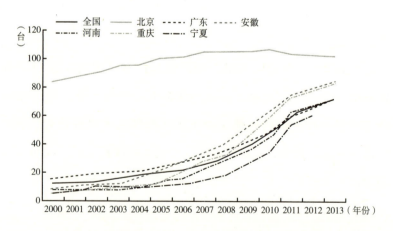

图4-4 全国各区域农村居民每百户拥有冰箱数量

从农村居民每百户家庭拥有冰箱的数量指标可以看出，中西部地区的人口优势更加显现，对于冰箱产业的吸引力更大。2013 年，中部地区范围内安徽达到 84.26 台，而河南仅为 71.90 台，加之河南人口基数大，其未来的家电需求增长空间巨大，这是中部乃至中西部其他地区无法比拟的优势。加之城镇化建设的不断推进、郑州航空港经济综合试验区的落地、中原经济区两小时交通体系的加速构建，其较低的物流成本优势逐步显现。中部地区对于冰箱产业的吸引力不言而喻，对于转移企业提前进行战略布局尤为重要。

三　以民权县制冷产业的发展为例，对中西部地区家电产业转移进行针对性分析

民权县的制冷产业发展由来已久，20 世纪 80 年代起，冰熊牌系列冷柜迅速崛起，为民权县制冷产业的发展奠定了一定的基础。后来由于经营管理体制僵化、机制不健全等问题，冰熊一直走下坡路，甚至一度停产，为此民权县制冷产业发展缓慢。为了集中优势、整合力量，重新发展民权制冷产业，民权县政府选定制冷作为主导产业。2009 年，民权县建立产业集聚区，作为招商引资的重要载体，不断加大承接制冷新产业转移力度，引龙头强配套，民权制冷集群发展之路越走越宽。通过实地调研产业集聚区澳柯玛、万宝、阿诗丹顿以及相关配套企业，深入了解民权县承接制冷产业的历程、特点以及发展瓶颈，并以此为切入点来分析中西部承接

产业转移的情况。

（一）民权县制冷产业发展历程

1986~1996年，民权县的河南省冷柜厂引进国外先进全套低温冷柜生产线，生产冰熊牌系列冷柜，凭借技术和质量迅速打入全国主要市场，带动了民权县制冷产业的发展。"冰熊"渐渐成为著名商标，凝聚大批人才，逐步实行产业扩张。1993年河南冰熊（集团）有限责任公司成立，1996年在上交所上市，蓬勃发展，民权县制冷产业初具规模。

1997~2005年，由于集团产业不断向外扩张，资金问题日益凸显，加之经营管理体质僵化、机制不健全，自上市以后发展缓慢，使民权县制冷产业发展走下坡路。1997年以后，冰熊连年亏损。商丘市、民权县两级政府和冰熊集团到处寻医问药，依然没有扭转发展预势，甚至陷入停产的危机之中。

2006年至今，冰熊集团先后将"冰熊"商标的部分使用权授予华美电器集团、飞龙家电集团、商丘海泰实业有限公司和台湾显丰国际有限公司，致使民权完整的制冷产业链条变得支离破碎。冰熊集团的一部分人才分别前往全国各地制冷产业区域谋求发展；另一部分一些敢想敢干的员工，开始在民权自己创业，继续发展民权制冷产业。尤其是2009年民权县产业集聚区成立以后，招商引资步幅加快、力度加大，促进民权县制冷产业复苏。

民权县招商引资落地项目如表4-6所示。

表 4-6　民权县招商引资落地项目

时间	转移地	企业	产业转移
2010 年 6 月	浙江慈溪	香雪海	全部生产线，带来 11 家配套企业
2010 年 8 月	浙江慈溪	飞龙集团	冰熊牌压缩机填补空白
2012 年 11 月	广州中山	万宝集团	万宝民权制冷工业园
2013 年 1 月	山东青岛	澳柯玛电器	澳柯玛民权制冷产业园

（二）民权县承接制冷产业的有利条件

1. "冰熊"制冷文化广泛传承

20 世纪 80 年代，冰熊以其过硬的技术和优良的品质，在市场上享有美誉，曾是中国轻工部定点生产冷柜的八家企业之一，后与海尔、澳柯玛并称三大著名品牌，市场占有率高达 8.23%（1993 年）。后来虽几经风波，冰熊在艰难中砥砺前行，但其品牌价值与公信力传承下来。

冰熊培养了一批制冷工程师和技术工人，一部分员工前往浙江慈溪、山东青岛、广东中山等制冷企业集聚区域，继续发展制冷产业或提高自身技能，很多走上管理岗位，助推了民权县产业集聚区的"亲情招商"；另一部分敢想敢干的员工在民权县周边自己创办相关制冷企业，如兆邦、小牛制冷、建翔制冷等一大批中小私营企业。

2. 政府机构积极主动，力推招商引资

围绕做大做强制冷产业、建设中国制冷产业基地目标，深入开展集群式承接产业转移活动：依托优势资源，有针对性地开展承接产业转移专题对接活动；选准区域，主动出击，深入浙江慈溪、广东中山、山东青岛等地作为主攻区域，巧借当地家电协会，坐地开展对接活动，多次成功举办"民权县情说明暨招商项目推荐会"；对落地项目实行"大项目入园，小项目下乡"的分类管理方法，合理布局产业；严格目标管理抓承接，把承接产业转移列入年度目标考核，增强领导干部的压力感和年终奖罚的透明力度，激发领导干部主动作为的潜力。

3. 民权县独特的市场区位优势

全国主要制冷基地大都在东部省份，随着内需的不断扩大，一些对外制冷家电企业纷纷调整战略，转向国内市场，向中西部进军，提前进行战略布局，抢占中西部制冷市场高地。民权县产业集聚区南邻连霍高速公路，东与宁陵县接壤，西至西迎宾路，北接陇海铁路，310国道穿区而过，交通便捷、区位优越，是河南省政府确定的第一批县级产业集聚区。优越的市场区位吸引大批企业前来布局，逐鹿中原市场，辐射周边潜在市场。

4. 民权县优越的资源禀赋优势

民权县优越的土地资源、人力资源成为吸引转移企业的重要因素。民权县面积1222平方公里，以及政府的保障转移企业用地的政策，使企业可以快速落地投产，节约一定的土地成本。2012年总人口98万，其中乡村人口76万，年末单位从业人员数3.4万，乡村从业人员44.76万，为转移企业提高了大量劳动力。建成投用河南机电学院民权制冷学院，设立中科院制冷院士工作站，落实为企业免费招聘工人、免费培训上岗、免费技能提升"三免"政策，校企联姻设立实训基地，为企业提供人力资源支持。

（三）民权县政府推动制冷产业承接的重要政策措施

1. 政府机构主动作为，强推招商引资重要举措

第一，注重平台建设，实施筑巢招商。以产业集聚区与城区共建为原则，统筹城区与产业集聚区基础设施建设，围绕"大投入、大建设、大发展带来大变化"这一目标，采取政府投资、土地置换、贷款融资、争取项目等多元化筹资方式，全面加强集聚区道路、供排水、电力、通信、亮化和绿化工程建设，先后开工建成旺兴路、建业路、江山大道、中山大道等多条道路，构建"六横十二纵"交通网络，骨干道路实现了"六通一平"和全面绿化、亮化，一次性完成了集聚区一期16平方公里框架建设，实现了产业集聚区与城区道路管网无缝对接，区内电话宽带等信息化工程全覆盖。

第二，完善机构设置，职责权限划清界限。2015年，在产业集聚区的基础之上，完善了高新区与乡镇的区规划工作，高新区成立了综合办公室、招商服务局、经济发展局、科技统计局和国土规划局五个机构组织，分工协调负责招商事项。同时坚持实行"五个一"和"两不接触"，做到"360度全方位服务"。民权县招商引资服务方式见表4－7。

表 4 - 7　民权县招商引资服务方式

"五个一"	一个招商项目 一名县领导分包联系 一个部门对口帮扶 一套人马跟踪服务 一包到底
"两不接触"	项目投资商不与项目用地的乡镇和农户接触 项目投资商不与项目办理证照的职能部门接触

　　第三，多管齐下，创新招商引资方式。注重引进龙头企业，实施带动招商。紧盯世界 500 强、国内 500 强企业和高科技、高就业、高附加值项目，大员上阵、招大引强，积极跟进、跟踪、对接、洽谈项目，相继引进万宝电器、澳柯玛电器、英泰冷藏车、香雪海电器等知名企业，形成了以冷藏车、冷柜、冰箱为主导的制冷产业集群。在引进万宝电器项目中，市县领导多次南下广州与万宝集团领导协商有关入驻事宜，巧借庄子"春气发而百草生，正得秋而万宝成"的文化寓意，最终凭借扎实高效的工作、日益完善的产业配套、务实合作的诚意，成功引进广州万宝集团制冷工业园。同时在万宝电器等龙头企业带领下，2015 年成功签约万宝空调和意大利投资的抽油烟机两个家电项目，进一步完善民权县制冷家电产业集群，增强集群吸引力。

　　注重完善产业链条，实施产业招商。招商中注重引进家电配件空白、配套能力不足的短板项目，针对制冷整机生产所需的制冷机组、冷凝器、蒸发器、塑件、玻璃门、包装材料等各种配件产品，组织专业人员科学测绘制冷产业链图谱，制作表格发送到招商团队中，进行有针对性的招商。利用国内制冷企业中民权籍人才多、分布广的特点，积极主动联系、拜访国内制冷企业中的民权籍高管人员，巧打"乡情招商"牌，如在引进浙江慈溪香雪海电器项目中，县主要领导多次拜访该企业中的民权籍高管，大力推介民权制冷产业发展优势鼓励其所在企业到民权创业，最终凭借真挚的诚意和优越的发展环境，成功促使年产300万台冰箱的香雪海电器带领11家配件企业整体入驻民权。

注重高端运作，实施接力招商。在国家质检总局和中国家电业协会的支持下，选派23名优秀干部深入发达地区开展挂职招商，收集反馈一批有价值的招商信息，邀请知名品牌企业到民权县参观考察。与中国制冷空调工业协会、浙江省制冷协会等专业组织建立了联系，拓宽和强化了招商网络，提升了民权县的知名度和影响力。如通过家电协会了解到澳柯玛电器集团在中原战略布局信息以后，在家电协会与该集团进行联系的基础上，多次主动拜访，成功邀请澳柯玛高层到民权实地考察，使澳柯玛年产200万台环保节能冰箱冰柜项目成功落户。

注重宣传推介，实施节会招商。在央视频道播出制冷产业广告，在重点招商区域主流媒体上发布招商公告、播放招商宣传片，叫响"民权制冷"的招商名片。先后组团参加中博会、高交会、物流博览会和多次产业转移对接活动，2014年中国（上海）家电博览会期间，成功举办了民权特色产业发展情况及县情说明会。如在阿诗丹顿热水器项目中，民权县在广东中山举办了县情推介会，其间了解到该企业有在民权投资的意向，民权县政府及时跟进对接，使年产 600 万台热水器及小家电的阿诗丹顿电器项目成功入驻民权高新技术开发区。

第四，加强服务保障，优化投资环境。完善公共服务平台，"十二五"期间超前谋划、合理布局，开工建成了高新区行政服务中心、专家楼、职工公寓等公共服务设施。构建技术服务平台，从服务主导产业发展、提升产业竞争力的角度出发，积极争取，成功申报设立中科院制冷专业院士工作站和工程技术中心，积极创立制冷民权标准。搭建融资服务平台，通过争取政策资金、整合财政资金、吸纳社会资本等多种形式，成立金联投融资有限公司，为集聚区建设和企业发展提供资金保障。服务方式不断创新，对入驻的重点项目实行了"一个项目，一套人马"的保姆式帮扶方式，采取"五加二""白加黑"等工作方法，有力地促进了新上项目早建成、早投产、早见效。

大力维护民企关系和谐，企业出资政府负责项目用地拆迁工作，政府出资建立"南华万人社区"①作为民权县高新

① 南华万人社区，总占地 523 亩，总建筑面积 53 万平方米，社区建成后可完成对高新技术开发区内城关镇和花园乡共 9 个行政村（22 个自然村、2819 户、9451 人）的安置（以上 9 个行政村目前占地 3020 亩，实现整体搬迁后，可腾出建设用地 2497 亩）。社区总计划投资 6.5 亿元，分三期建设，前两期为安置工程，第三期为商业开发，现已投资 4.6 亿元，一期工程总建筑面积 21 万平方米，39 栋住宅楼已经全部完工，已安置拆迁群众 434 户 1537 人，已配备中小学、幼儿园、社区医院、社区养老中心等基础设施。

技术产业开发区的安置社区，同时对搬迁农户给予"七个一"安置政策，进一步确保了被拆迁群众的就业和生活，解除了高新区拆迁群众的后顾之忧（见表4－8），协调了转移企业与当地民众关系，促进企业本土化成长。但是在搬迁农民入住社区后，像技术培训、办理低保等政策因为资金问题无法落实。

表4－8　民权县安置搬迁农户的政策措施

政策	措施
"七个一"（为每户被征地农民在新型社区）	安置一套居住用房
	分配一定面积的商业门面房
	安排一个公益性就业岗位
	协调企业安排一名产业工人
	培训一名技术人员
	符合条件的家庭成员办理一份低保
	符合条件的家庭成员在新农合缴费中给以补贴

第五，强化人才支撑。对企业引进的博士研究生、硕士研究生、本科生，三年内县财政分别给予每人每月1500元、800元、300元的补贴。每年举办企业用工供需见面会和产品展销会，帮助企业招聘、培训员工。落实为企业免费招聘工人、免费上岗培训、免费技能提升的"三免"政策。实施校企联姻，在冰熊冷藏车、香雪海电器等企业设立校外实训基地，较好解决了企业的用工难问题。为支持河南机电职业学校的毕业生到高新区工作，县财政出资分别给予高职毕业生和中职毕业生每人每月200元、100元的生活补助，并可优先租用公租

房，连续工作五年以上的可优先购买 50～80 平方米的安置房，10 年以上（含 10 年）的可以按照综合成本价购买安置房，还可由政府部门所属的人才交流机构提供免费人事代理服务。

2. 吸引转移企业落地生根，助推招商引资的重要政策

民权县高新技术产业园 2014 年优惠政策如下。①

第一，高新区管委会负责对引进项目的资金投入情况进行督促核实，协调相关部门落实优惠政策，协调有关部门帮助企业争取上级对企业的扶持政策和项目资金。实时对入驻企业土地出让金缴纳、项目开工建设、设备安装、启动投产、投资金额、用工人数、产值效益、税收缴纳等情况进行跟踪统计并建档备查。

第二，入驻高新区的企业，在其建设和生产过程中办理相关手续时，本级政府行政性收费实行全免政策。投资企业用水按城镇居民生活用水收费标准征收。投资企业建设生产过程中的用电，电力部门应积极帮助企业加强对用电安全的管理和电力设施的维护，对符合条件的企业帮助协调其享受优惠电价。

第三，凡投资额 3 亿元以上的企业，在正常生产经营初期，高新区可以在 CEO 公寓和职工宿舍为企业负责人和职工安排一定数量的过渡性住房，过渡期为三年。对投资额达到 5 亿元以上的企业，再安排高级公寓一套。在高新区内的企业工作且取得国家承认的高级技术职称资格证书的工程技术

---

① 民权县高新区网站，http：//www.zhongyuanlenggu.com/tzzn/ShowArticle.asp?ArticleID = 139。

人员，高新区可以安排其入住 CEO 公寓。

第四，充分发挥高新区投融资平台作用，增强融资服务保障。进一步拓宽融资渠道，每年要组织开展 2 次以上银行、担保机构、高新区等三方融资对接活动，鼓励支持金融机构加大对重点产业的信贷规模。注重解决高新区内企业因扩大生产或产品升级中所遇到的资金难的问题。在企业自愿的基础上，可由高新区成立的投融资公司为其担保贷款融资，但需具备以下条件：企业具备较高的信誉度，产品具有较好的市场发展前景；企业在高新区内具有依法取得的土地，并具有企业独资建设的厂房。

第五，鼓励支持金融部门对高新区内企业经营提供金融服务。凡金融部门提供每年增加 1000 万元贷款服务的，县财政给予一定奖励。

（四）民权县产业集聚区制冷产业发展现状

目前入驻制冷装备企业 39 家、制冷配套企业 50 多家，制冷配件基本实现了全配套。区内拥有万宝、澳柯玛、冰熊、华美、香雪海、阿诗丹顿等 20 多个国内知名品牌，冰箱冰柜年产能 1500 万台、冷藏保温车产能 2 万台辆、热水器年产能 600 万台，其中 4 家冷藏车企业产能占全国的 40%，连续 5 年位居全国第一。各企业以销定产，产能可进一步提升。目前民权县主要有冰箱冷柜生产项目、制冷配件生产项目、户用与商用空调生产项目、压缩机生产项目、家用洗衣机生产项目、生活电器生产项目、模具加工制造项目、家电包装制品生产项目。

河南省高新技术产业开发区（民权）产业布局见图 4 - 5。

图 4 - 5　河南省高新技术产业开发区（民权）产业布局

资料来源：民权县高新技术产业开发区，http：//www.zhongyuanlenggu.com/zssc/Index.asp。

民权县高新技术产业开发区项目简介见表 4 - 9。

表 4 - 9　民权县高新技术产业开发区项目简介

主要生产项目	主要工艺	产能及前景
冰箱冷柜、制冷配件生产	集生产、销售、研发为一体的制冷配件生产项目	冰箱冷柜 1400 万台,冷藏车 1 万辆
户用、商用空调器生产	空调器生产线,新建厂房、仓库、办公等基础设施	计划产能 100 万 ~200 万台
冷藏保温车专用制冷机组	科研开发与生产基地(全国六家中的两家在民权)	年生产能力 1 万多辆(目前市场每年需求约 3 万辆)
压缩机生产	建设家电用、工业用压缩机生产企业,进行产业配套	中国冰箱冷柜生产每年以 16% 的速度增长,压缩机前景广阔

（五）产业转移落户企业发展分析

1. 整机生产企业

2012 年，山东青岛澳柯玛集团公司在商丘市民权县注册河南分公司，这是在青岛以外的第一个生产基地，主打冰箱、冷柜，民权县产量占澳柯玛总产量的 1/5。澳柯玛项目拟分三期进行，共投资 12 亿元，一期投入 4 亿元。民权县项目服务组坚持"五个一"和"两不接触"的工作服务原则，做到"360 度全方位服务"，其一期只历经五个月建成投产。2013 年，第一条生产线投产，计划产能 1500 万台，以后建设高端生产线，实现两条生产线全线开工。拟建二期项目主营冷藏车，实现多元化发展。现受市场销量影响，只开单边生产线，实际产能 200 万台，实际雇用人数 600～800 人，可以实现销售收入 5 亿～6 亿元。

澳柯玛转移企业到民权的原因有五个方面。

第一，政府的招商引资优惠政策，包括税收、土地政策优越。土地：工业用地每亩 6.6 万元。税费：对固定资产投资额在 5000 万元以上的工业项目，实行"三免两减半"政策支持（即从投产之日起五年内，税收由税务部门依法征收，增值税地方分成部分，前三年由受益财政全额奖励，后两年奖励减半）。在生产建设过程中，以及办理相关手续时，本级行政收费实行"零收费"政策。第二，劳动力成本较低。从青岛 3500 元降至 2300～2500 元，降低了用工成本，提升企业利润。第三，物流成本较低。民权县交通便利，靠近新郑机场、商丘观堂机场以及火车站，陆路交通更为便利，大大降低了企业运输成本。第四，进行战略布局。中原人口众多，随着城镇化进程的加快，市场潜力大，提前布局华中大局，向华中、西部推进。第五，民权县制冷产业配套能力不断增强，逐步实现规模经济。

澳柯玛转移发展的制约因素有三个方面。

第一，订单增速缓慢。受经济下行大环境的影响，现在企业以销定产，没有开足马力，只是单边生产。市场销售不景气，致使二期工程开工动力不足。希望政府可以从销售环节给予帮助，拓展营销渠道。第二，普通职工流动性大，增加企业招工负担。负责人反映，34岁以下员工流动性较大，34岁以上员工较稳定，不利于企业长期稳定发展。第三，技术工人和管理人员供给不足。总部派遣30多人入驻民权，担任中高层和专门技术人员，随着业务范围的扩大，管理人员与技术人员缺乏，希望当地更多的人进入中高层，实现本地化。

2. 专用车生产企业

2009年，民权本地人从日本购入技术，在民权产业集聚区建立松川冷藏车生产公司，其原来为冰熊公司老职工。2011年建成投产，占地200亩。2015年计划产量达1000台（园区产能5000台，占全国市场份额40%）。其项目得到工信部的资助，其业务主要是应客户要求采购底盘或者客户自行购买底盘，公司安装冷藏箱。

民权本地人创业优势：第一，民权冰熊制冷基因的催化，以及技术积累，加之周围制冷配套不断完善；第二，项目得到工信委的资助；第三，本地人所具有的良好人际关系。

创业的制约因素：国家对专用车审批把控严格，历时两年备案、申请，才得以取得资质可以生产，下一步希望政府可以加快项目认证，以及增加产品品类的时候可以加快审批进度，使企业获得优先进入市场的优势。

3. 配件生产企业

2010 年，随着香雪海集团进驻民权，明华塑业配件生产线也迁移至民权县，其造粒生产线留在江苏无锡，2016 年也实现了转移。2011 年建成投入运营，主营冰箱塑料篮筐、密封条、玻璃门。其原料受到市场价格和质量的影响，从新疆采购，其产品大部分就近销售，年销售额将近 1000 万元，利润率达 10%。淡季从本地大约雇工 30 人，职工年平均工资 3 万元。

企业转移动因。作为配件企业，塑料制品因其特性不易长途运输，易接近市场。转移是为了给主体企业做配套，随主体企业一起转移，实现生产链的完整转移。同时也开辟了新市场，也向民权县其他家电企业供应塑料产品。

配件企业转移的制约因素。配件企业的生产专业化设备要求较高，批量生产容易实现规模经济，跟随主体产业离开原来的产销市场，也丢弃了原来其他的销售渠道。进入一个新的环境，容易受到主导企业经营风险的冲击，需要进一步扩展销售渠道。

4. 民权县承接产业转移的效果

民权县宏观经济数据如表 4 - 10 所示。

表 4 - 10　民权县宏观经济数据

项目	2005 年	2006 年	2007 年	2008 年	2009 年	2010 年	2011 年	2012 年	2013 年
年末总人口（万人）	84	93	94	95	96	97	97	98	98
乡村人口（万人）	77	78	78	78	78	78	76	76	—
年末单位从业（万人）	3.92	3.98	3.52	3.44	3.04	3.06	3.07	3.43	—
乡村从业（万人）	43.31	44.46	45.05	45.09	45.38	45.91	44.55	44.76	—
一产增加值（亿元）	21.60	23.03	24.79	28.56	29.83	33.83	36.20	36.70	39.22
二产增加值（亿元）	17.41	20.20	25.27	30.73	35.87	39.46	45.15	48.44	58.39
财政收入（亿元）	0.52	0.61	0.80	1.03	1.34	1.80	2.68	3.59	5.00
财政支出（亿元）	4.00	5.23	8.00	10.14	13.51	15.38	19.13	27.73	27.54
居民储蓄存款（亿元）	18.05	22.26	25.32	31.28	36.63	46.84	57.16	72.48	85.96
年末金融机构各项贷款余额（亿元）	18.14	24.52	25.92	35.53	39.25	43.20	45.33	50.78	67.13
规模以上工业企业个数（个）	25	30	44	68	73	79	75	80	98
规模以上工业总产值（亿元）	20.75	27.23	37.64	5.53	58.42	91.55	133.61	167.73	226.94
固定资产投资（不含农户）（亿元）	11.71	16.16	34.76	48.51	59.78	73.57	87.74	104.72	129.28

资料来源：历年《中国县域经济统计年鉴》，"—"表示 2013 该年鉴更换部分指标。

2008 年以来，民权县政府确定制冷主导产业的发展规划，强力助推招商引资。2009 年成立民权县产业集聚区，政府出面协调搬迁农民与转移企业的关系，给每户家庭提供一个技术岗位，民权县乡村从业人员数量保持增长，虽在"调结构、稳增长"的经济下行压力背景下小幅下降，对于推进民权县城镇化进程也起到重要的推动作用。第一产业、第二产业、财政收入、固定资产投资等指标显著增长，尤其是财政收入增长四倍，固定资产投资增长两倍，当地道路条件明显改善，卫生条件不断改善，中小学数量不断增加；同时不断加大集聚区和城区基础设施建设，为企业营造良好的发展环境，财政支出增长一倍以上，产业集聚区和民权县承接产业转移的软、硬条件日渐完善。

民权县部分宏观经济指标如图 4 - 6 所示。

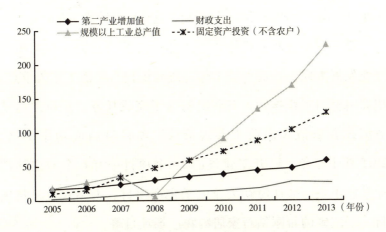

图 4 - 6　民权县部分宏观经济指标

（六）民权县承接制冷产业转移和发展过程中的问题

第一，普通职工工作技术含量低、流动性大，企业招工负担重。澳柯玛、万宝、松川等企业生产车间基本实现半自动化，普通工作岗位的少数环节需要重复性体力劳动，培训两个小时就可以上岗工作，技术含量不高，容易引起普通职工的生产懈怠，不能激发员工的工作热情，尤其是 34 岁以下年轻普通职工流动性较大，增加了企业的招工负担，影响企业发展的稳定性，不易培养本土化中高层管理人员，影响企业长期扎根发展。

第二，民权县劳动力成本优势逐渐丧失，影响承接产业转移吸引力。虽然，从山东青岛转移来的澳柯玛公司认为，民权县2500元的平均工资低于其在青岛的3500元平均工资，但是来自广东中山的万宝集团认为民权县的劳动力成本不断上升，直至2600元，与广东差别不大。南北双方不同的经济环境造成了各地企业对于同一生产要素的不同反应，这会影响转移企业的动力。

第三，相关政府机构迫于工作压力盲目招商，偏离主导产业发展方向。招商引资工作一直是民权县经济工作的重点，招商引资与工作挂钩，有些机构为了完成任务，盲目地追求业绩或者邀请客商前来参观洽谈，项目签约成功率不高。2015年上半年，已开工建设的16个项目中有6个与主导产业关联不大，如珠海新天龙电子生产项目、天邦农业科技项目、程庄镇的希刚钻石家居购物广场项目等。

第四，产业配套能力不足。企业某些高端产品生产线所需的压缩机或者某些原料无法在民权县产业集聚区获得，需要花费一定的运输成本从外地获得，这就降低了企业的利润。

（七）民权县制冷产业的未来发展方向

1. 政府做好招商引资、服务企业工作

在"十三五"期间，进一步招大引强，强力承接国内外500强企业、知名品牌企业入驻，创新发展环境，进一步巩固完善公共服务平台和科研平台基础建设，向国家级高新技术产业开发区迈进，促使产业集聚区晋级"三星"。

第一，做好项目用地保障工作，改进服务方式，解决好企业发展用地的瓶颈问题。

第二，做好人才保障工作，在人才引进服务方面，注重搭建平台，为企业研发水平的提高搭建好服务平台。

第三，做好科技创新驱动保障，进一步加强与高等院校的合作力度，积极探索校企合作新模式，同时对已经建成的院士工作站、检验中心等一些公共服务平台，引导其发挥好作用。

第四，做好企业融资保障，把解决好企业融资瓶颈问题作为重点，发挥主导作用，整合金融资源，组建由政府主导、社会资本参与的良性发展融资公司，切实为企业发展做好资金保障。

第五，围绕主导产业进行招商引资，并且做到"大项目入园，小项目下乡"，增强主体带动示范效应，实现城乡共同发展。与主导产业关联性不大的项目少招甚至不招，集中力量完善产业配套，做实做强民权制冷产业链，积极打造"中国冷谷"。

2. 促进制冷产业不断优化、升级，做强做大产业集群

第一，积极应对市场变化，拓展产品生产领域。面对经济增长动力的转变，主动迎合消费需求多样化，实现由家电、商用制冷向工业、科研制冷拓展转变，由单一制冷家电向全方位的智能家电制造转变，由单纯量的扩充向提高技术附加

值转变，拓宽企业发展市场潜在空间，发现新的利润增长点，使民权制造向民权创造转变，进一步做大做强百亿级制冷家电产业集群，加快"中国冷谷"建设。

第二，转变发展理念，向循环家电经济转变。随着企业年产能不断增加，制冷家电市场增长逐渐放缓，城镇和农村家庭家电拥有量基数庞大。同时家电使用寿命至少在五年以上，家庭更新家电产品速度放慢。制冷企业应该从循环经济的角度做好旧家电回收、以旧换新、旧产品合理利用等工作，促使家电产业得以高效循环发展。每百户家庭拥有电冰箱数量见表4-11。

表4-11 每百户家庭拥有电冰箱数量

单位：台

年份	全国		河南	
	城镇	农村	城镇	农村
2006	91.8	22.5	87.2	15.5
2007	95.0	26.1	90.7	22.1
2008	93.6	30.2	87.0	27.1
2009	95.4	37.1	88.2	34.4
2010	96.6	45.2	90.7	46.1
2011	97.2	61.5	92.1	63.3
2012	98.5	67.3	93.4	66.9
2013	—	—	91.9	71.9

资料来源：中国经济与社会发展统计数据库，http://tongji.cnki.net/kns55/Dig/dig.aspx。

第三，加大科技研发投入，开放新产品，满足多样化需求。面对消费需求日益多样化，企业要增加科研投入，园区联合或者政企建设研究中心和重点实验室，增加产品附加值，掌握自主知识产权与核心技术。应用新技术、创造新工艺、生产新产品，由满足消费者需求向引领制冷需求、创造制冷需求转变，树立品牌价值，谋求长期发展。

四　小结

民权县制冷产业自20世纪80年代起，经历了发展壮大、衰退、再次兴起、繁荣发展的过程。其在崛起的过程中，首先正确认识自我，确定主导产业，并制定完善的产业发展规划；其次，不断挖掘，创新自身良好的技术储备，并汲取外部技术；再次，充分发挥劳动力、土地、区位等要素优势；最后，政府不断加强基础设施建设和服务平台建设，做好"筑巢"工作，又通过主动推介、巧借文化、大打亲情牌等形式创新招商引资方式，增加民权县的制冷产业吸引力，并且不断完善政府服务企业的政策措施，保障承接企业落地生根。民权县自2009年以来确实承接众多家电产业转移，促进民权制冷产业基地建设，为中西部促进承接产业转移提供了良好的范例。

目前，我国家电消费需求不断变化，由功能实用、差异化小向功能丰富、个性化强转变，由重产品、轻服务、价格敏感性强向产品质量、服务与价格并重转变，这就要求家电行业必然选择市场潜力大、要素禀赋优越、政策支持力度大的区域进行战略布局。同时，中西部地区目前家电消费情况、收入水平、城镇化进程等方面均落后于东部地区，而这恰恰说明了中西部地区发展潜力巨大，而且中西部相关区域或具备良好的市场潜力，或具备优越的要素禀赋，或兼而有之，只是缺少合适的产业与区域相融合的机遇。产业是区域发展的动力，区域是产业发展的平台，二者相互补充、相互促进，只有顺应产业与区域发展规律，才能实现促进作用，反之则阻碍发展。各区域应结合各自的特点选择产业：果断转出不适宜本地发展的产业，积极承接本地产业链中的配套产业。所以中西部地区应该在正确认识自我的基础之上，积极承接产业转移，这对于促进自身良好发展、各产业健康发展乃至中国各区域经济协调发展意义重大。

第二节　电子信息产业转移发展案例
——以郑州航空港经济综合实验区为例

电子信息产业是一个内涵丰富的概念，一般认为包括微电子、光电子、电子元器件、计算机、软件、网络、通信、消费电子以及信息服务业等，涵盖制造和服务业两大领域。根据产业链条上下游的关系和功能，又可以把电子信息产业主要分成四小类：①基础产业，即微电子、光电子和电子元器件产业；②核心产业，主要是计算机和软件业；③信息应用基础产业，包括通信、网络业，主要作用是为信息应用提供基础设施平台；④信息应用产业，包括智能手机等消费类信息产品、信息增值等信息咨询业以及其他信息服务业。

一　我国电子信息产业的发展过程

我国电子信息产业的发展开始于改革开放时期，根据发展水平的不同，我国的电子信息产业主要经历了三个时期，分别是：市场经济转型时期、产业规模化发展时期、代工跟随时期。之后，我国的电子信息产业进入了迅速发展的时期。

（一）市场经济转型时期

从 20 世纪 70 年代末到 90 年代，电子信息产业正处于市场转型阶段。改革开放前，我国电子信息产业以生产军工产品为主，改革开放以后，逐步转向了军工产品和民用产品相结合，这一阶段电子信息产业的性质开始发生重大转变。市场转型不仅满足了国家对于电子信息的发展要求，还满足了当时的市场经济对该产业的需求，促进了市场经济的发展，使电子信息产业开始成为支撑国民经济的动力之一。在这一起步阶段，我国的科技水平比较落后，电子信息产业主要依靠向外国的先进技术学习，党的十二届三中全会的召开，进一步加快了我国经济体制的改革。在这一背景下，电子工业成为改革试点，政府做出优先发展消费类电子产品的重大决策，彩电等消费类电子屏飞速发展，在彩电国产化"一条龙"工程带动下，消费类电子产品都迅猛发展。同时，计算机信息系统工程也在这一时期推行，信息技术开始被应用到国民经济各个领域，我国电子工业第一次腾飞。

1990 年以后，我国进入经济改革的重要时期，电子信息产业作为首批改革的试点，开始进行社会主义市场经济的改革，例如，对电子信息产业公司进行股份制管理和运营。1992 年党的十四大提出了把电子工业作为国民经济支柱产业的构想，1997 年党的十五大明确提出了推进国民经济社会信息化的战略方针。国家实施了一系列重大工程（三金系列工程、909 工程等）促进国内电子信息产业的发展，电子信息工业也开始由单一的硬件产品制造业向计算机、软件、电子应用和信息服务业等多个产业转变和发展。同时，在这一阶段，电子信息产业开始与计算机技术相结合，市场更加广阔、发展动力更长远，这一阶段我国电子信息产业取得辉煌成就，实现了历史的跨越。

（二）产业规模化发展时期

20 世纪 90 年代到 21 世纪，世界进入信息化时代，这得益于电子信息产业的飞速发展。信息化时代的到来，电子信息产业的发展引起关注，为了提高电子信息行业在我国国民经济中的比重，政府相关部门开始相继建设一批信息科技工程，这些工程的实施和发展，使电子信息产业由原来的制造阶段发展到技术开发和研究阶段，我国一些自主研发的产品也开始投入生产，转化成生产力。

（三）代工时期

我国在 1998 年成立了信息产业部，制定了"坚持实施制造业、运营业、软件业和信息化互动发展"的策略。电子信息产业进入"继续做大、加快做强"的新阶段，从注重产业发展规模、速度，向重质量、效益，鼓励自主创新、技术开发、提高国际竞争力转变。我国的电子信息产业开始迈入全球化的进程，在这一时期，我国既注重电子器件的大规模生产，又重视新的电子产品研发，同时还要不断地跟上国外的技术标准，电子信息产业在全球化时代形成一条巨大的产业链。这一阶段，我国的电子信息产业既有机遇又有挑战。党的十六大明确提出"以信息化带动工业化，以工业化促进信息化，走新型工业化道路和方针"。这一时期的电子信息产业的发展为我国信息产业与各行各业的融合奠定了基础，并且这种融合是当今电子信息产业发展的趋势，正在逐步实现突破。

二　电子信息产业的转移过程

我国电子信息产业的转移承接是伴随着全球四次产业转移浪潮中的第三次产生的。20 世纪 90 年代，我国的东南沿海地区成为承接国外电子信息产业转移的第一梯队，电子信息产业在我国的分布呈现高度的地理集中性。

经过多年发展，由于受到土地、劳动力、资源的束缚，产业出现了由沿海向内地的转移趋势，逐渐呈现分散态势。长三角、珠三角、京津冀等高新技术产业带逐渐向中部西部和东北部转移，这种转移趋势也是伴随着国家西部开发、振兴东北老工业基地、中部崛起的全盘开发战略进行的。

为了保持数据的可比性，选取电子及通信设备制造业固定资产投资额这个微观指标，从中可以窥探出我国电子信息产业的发展和转移规律。中国各区域历年电子及通信设备制造业固定资产投资额见表4-12与图4-7。

表4-12　中国各区域历年电子及通信设备制造业固定资产投资额

单位：亿元

地区	2000年	2001年	2002年	2003年	2004年	2005年	2006年	2007年	2008年	2009年	2010年	2011年	2012年
全　国	336	—	468	672	904	1063	1522	1881	—	2344	3320	4522	6337
东　部	258	—	374	596	791	856	1221	1375	—	1306	1845	2959	3449
中　部	24	—	37	31	53	81	132	232	—	472	812	1021	1879
西　部	42	—	38	29	40	78	104	169	—	337	421	381	726
东　北	11	—	18	16	20	48	66	106	—	229	242	161	284
中西部	67	—	75	60	93	159	236	401	—	810	1233	1402	2605

注：表格中"—"表示数据缺失。

资料来源：中国经济与社会发展统计数据库，http://tongji.cnki.net/kns55/Dig/dig.aspx。

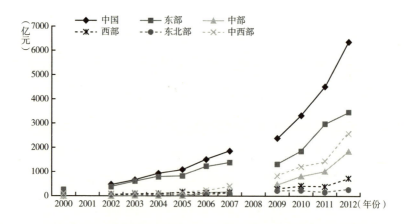

图4-7　中国各区域历年电子及通信设备制造业固定资产投资额

中国各区域历年电子及通信设备制造业固定资产投资额占比见表4-13与图4-8。

表4-13　中国各区域历年电子及通信设备制造业固定资产投资额占比

单位：%

地区	2000年	2001年	2002年	2003年	2004年	2005年	2006年	2007年	2008年	2009年	2010年	2011年	2012年
东部	76.84	—	79.93	88.62	87.57	80.56	80.18	73.09	—	55.70	55.57	65.43	54.42
中部	7.21	—	8.00	4.67	5.84	7.61	8.67	12.32	—	20.15	24.44	22.58	29.65
西部	12.63	—	8.13	4.30	4.43	7.36	6.81	8.97	—	14.38	12.69	8.43	11.45
东北	26.30	—	48.48	55.97	48.85	60.71	63.61	62.64	—	67.92	57.46	42.29	39.06

注：根据中国经济与社会发展统计数据库数据计算而得，表格中"—"表示数据缺失。

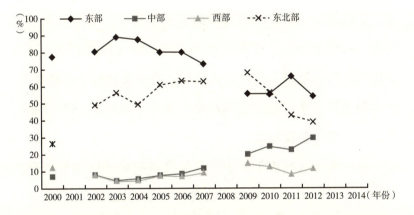

图4-8　中国各区域历年电子及通信设备制造业固定资产投资额占比

从中国各区域历年电子及通信设备制造业固定资产投资额占比可以清楚地看出我国电子信息产业总量上的变化，我国的电子信息产业在2002年以前，规模小、总量少，2002~2007年，总量有所增长，但增长幅度小。在2009年之后，电子信息产业进入快速发展时期。东南沿海地区凭借优越的地理位置、便利的交通条件（珠江三角洲、长江三角洲）以及良好的经济基础和国家的政策支持，引进外资和先进技术，占得先机，电子信息产业率先发展。2002～2007年发展态势良好，在2008年受到世界经济金融危机的影响，发展速度小幅降低，2009年金融危机过后，产业迎来了快速发展时期，产业总量一路攀升，增长速度大幅加快。随着国家西部大开发、中部崛起国家战略的实施，中西部地区在2002～2007年，逐步发展，但速度缓慢，2009年之后快速发展，特别是2011～2012年，中部地区增长率赶超东部发达地区。

总体来看，全国和各区域的发展趋势是一致的，都呈现良好发展的态势，只是不同地区的增长幅度有所不同，这与各地区的产业基础、政府政策扶持、科学文化水平息息相关。中西部地区呈现快速发展的趋势，而东部地区依旧有竞争优势，只是发展速度放缓。

从中国各区域历年电子及通信设备制造业固定资产投资额占比（见图4-8）可以看出各区域电子信息产业在全国的地位变化，我国东部地区由于多年的原始积累，电子信息产业依旧走在前列，除了2009年占比小于东北地区外，其余年份均居全国首位，只是占比有逐渐减少的趋势，从2003年的88.62%降至2012年的41.11%，降低了47.51个百分点。东北地区占比起伏强烈，特别是2009年以后，呈直线下滑趋势。中部地区的占比稳步扩大，西部地区在2003～2007年，电子信息产业占比一直有小幅提高，2009年之后受经济下行的宏观环境影响，占比减少。从电子及通信设备制造业固定资产投资额指标的两幅图中可以看出，电子信息产业转移是的确存在的，并且遵循从沿海—中部—西部的转移规律。

三 电子信息产业案例研究

（一）郑州航空港承接产业转移的有利条件

1. 区位、交通优势明显

郑州新郑国际机场位于郑州市东南，距离郑州市区 25 公里，于 1997 年 8 月建成通航。2000 年，经国务院批复，郑州航空口岸对外籍飞机开放，郑州新郑国际机场成为国内第 21 座国际机场。郑州新郑国际机场飞行区等级 4E，跑道长 3400 米，2007 年底机场改扩建工程竣工后，航站楼建筑面积为 12.8 万平方米，机坪面积为 25.6 万平方米，机位 43 个，年旅客保障能力 1200 万人次，货邮保障能力 35 万吨。2008 年，国家民航局发布的《关于加强国家公共航空运输体系建设的若干意见》中，将郑州新郑国际机场列为全国八大区域性枢纽机场之一。郑州航空港经济实验区作为邻近机场的经济区，享有得天独厚的交通运输优势。伴随着当前多项交通工程的推进，未来郑州航空港将会形成以航空为核心、"航空＋高铁＋城际铁路＋地铁＋公路"的多式联运综合交通枢纽。

2. 劳动力优势

东南沿海、珠江三角洲、长江三角洲地区是我国劳动密集型的制造业基地，虽然自动化、大数据是未来制造业的发展方向，但就目前来讲，产业工人依旧是中国制造业的根基，同机器设备、生产厂房、政府优惠政策相比，当地的劳动力资源仍是制造业落户的核心条件。制造业的产业性质决定了它必须依靠大量的劳动力，而2004年以来，"民工荒"愈演愈烈，当下农民工群体已经发生了结构性变化，新一代农民工成长起来。劳动力优势的逐步丧失和民工短缺，根据供给—价格理论，劳动力短缺势必会迫使企业提高工人工资水平，劳动力成本的大幅度提高势必增加企业生产成本。企业是追求利润最大化的，为了维持生存和保证利润，制造业就会寻找劳动力成本相对较低的地区进行生产，所以进行生产布局时必然会以追求降低生产成本为导向，向劳动力丰富、廉价的中西部地区内迁是自救的一种方式。和全国相比，河南省在劳动力供应和工资水平上有着非常大的优势。

首先，总量上，从表4-14中可以看出，河南省2009年和2014年人口总数在全国的排位都是靠前的，剔除掉广东省外来就业人员的因素，河南和山东是名副其实的劳动力资源供应大省。

表4-14　全国各省份总口

单位：万人

地区	2009年	排名	地区	2014年	排名
广东	9638	1	广东	10430	1
河南	9487	2	山东	9579	2
山东	9470	3	河南	9402	3
四川	8185	4	四川	8042	4
江苏	7725	5	江苏	7866	5
河北	7034	6	河北	7185	6

续表

地区	2009 年	排名	地区	2014 年	排名
湖南	6406	7	湖南	6568	7
安徽	6131	8	安徽	5950	8
湖北	5720	9	湖北	5724	9
浙江	5180	10	浙江	5443	10
广西	4856	11	广西	4603	11
云南	4571	12	云南	4597	12
江西	4432	13	江西	4457	13
辽宁	4319	14	辽宁	4375	14
黑龙江	3826	15	黑龙江	3831	15
贵州	3798	16	陕西	3733	16
陕西	3772	17	福建	3689	17
福建	3627	18	山西	3571	18
山西	3427	19	贵州	3475	19
重庆	2859	20	重庆	2885	20
吉林	2740	21	吉林	2746	21
甘肃	2635	22	甘肃	2558	22
内蒙古	2422	23	内蒙古	2471	23
台湾	2312	24	台湾	2319	24
新疆	2159	25	上海	2302	25
上海	1921	26	新疆	2181	26
北京	1755	27	北京	1961	27
天津	1228	28	天津	1294	28
海南	864	29	海南	867	29
香港	700	30	香港	711	30
宁夏	625	31	宁夏	630	31
青海	557	32	青海	563	32
西藏	290	33	西藏	300	33
澳门	54	34	澳门	56	34

其次，从工资水平来看，2009 年河南省平均工资 26906 元，居全国第 23 位（不含港澳台），处于下游水平，劳动力廉价，不仅远低于上海、北京、浙江、广东、江苏等经济发达地区，甚至也低于山东、安徽等经济欠发达、劳动力供应充足的地区。2014 年，河南省城镇私营单位从业人员平均工资水平较 2009 年有所上升，但上升幅度缓慢，仍旧低于北京、浙江等发达地区，且低于安徽、内蒙古、四川、河北、湖南、陕西等内陆地区。从劳动力供应和工资水平来看，河南都占据了非常大的优势。2009 年和 2014 年全国部分地区城镇私营单位从业人员平均工资如图 4-9 和图 4-10 所示。

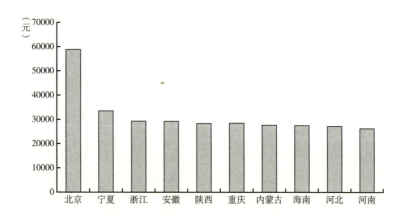

图 4-9 2009 年全国部分地区城镇私营单位从业人员平均工资

3. 政府招商引资服务工作绩效

在 2011 年，郑州市成立了电子信息产业发展领导小组，不定期举行会议，重点研究制定了全市电子信息产业发展方向，组建专门针对电子信息产业的招商队伍，分配了招商引资任务，协

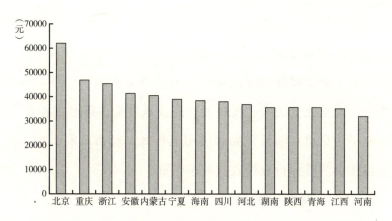

图 4 - 10 2014 年全国部分地区城镇私营单位从业人员平均工资

调重大项目推进的相关问题等，成立专家顾问组，为领导小组提供产业技术方面的建议。通过产业链招商，吸引产业链上下游配套企业来郑州市投资，通过主流产品招商，以引进生产型企业为主，重点引进量大面广的市场主流产品，以及对产业带动性强的产品。提高行政审批的效率，优化产业发展的服务支撑环境。

（二）航空港区的政策措施

1. 财政资金支持和鼓励

2011 年设立了电子信息产业发展专项资金，主要用于扶持太阳能电池、平板显示、半导体照明、信息安全、应用电子、软件和信息服务业等重点领域发展。规定上市企业或上市培育企业投资高新技术项目、市级以上重点技术改造项目可优先享受贴息和科技扶持资金等各项优惠政策。

2. 税收优惠、金融、土地用地支持

制定有利于电子信息产业发展的税收优惠政策，对新办电子信息企业技术开发、职工教育、购进固定资产、进口设备等给予相应的纳税抵扣。2013 年郑州市政府出台《关于加快建设郑州电子信息产业基地的实施意见》，鼓励全球 500 强企业、全球软件 500 强企业、国内外上市电子信息企业在郑州市设立独立法人，投资发展高技术含量、高附加值项目。对电子信息重点项目优先解决用地指标，经市政府批准，对项目建设的部分行政性收费减半收取。

3. 人才引进与培养机制

2011 年，郑州市政府推进人才本地化培养工作，对电子信息企业培训员工、接收高校在校生实习、接收应届毕业生进行专项补贴，对引进国家级学科、学术带头人、行业领军人才和高层次人才及团队等高素质人才给予重点补助，对高层次创新创业人才的引进和资助放宽年龄、学历、职称、户籍等条件限制，并在家属就业、职称评定、退休年龄等方面给予政策支持。2013 年对电子信息产业发展所需的高端研发人才及管理人才等实行重点招聘，不受地域、户口限制，优先引进。加大力度吸引海内外高级研发人才和学科带头人来郑落户或就业，吸引港澳台地区高素质人才、留学归国人员到郑州市投资创业。企业实施股权、期权奖励、技术入股、分红权等多种激励政策，培养一批本地懂研发、擅管理的复合型人才。

（三）航空港区电子信息产业发展情况

郑州航空港经济综合实验区在产业规划方面主要有三大产业，八大产业园区。电子信息产业中的制造业是三大产业之一——高端制造业的重要组成部分。八大产业园区是指智能终端（手机）产业园、航空物流产业园、航空制造维修产业园、电子信息产业园、生物医药产业园、精密机械产业园、电子商务产业园、商贸会展产业园，就目前的发展来看，智能终端（手机）产业园、电子信息产业园占据了主要地位。

电子信息作为具有较强临空指向性的高新技术产业，郑州航空港经济实验区作为邻近机场的经济区，具有发展高新技术产业的独特区位优势。河南省和郑州市也相继出台一系列电子信息产业支持政策，郑州航空港区具备承接电子信息产业转移的战略优势。有鉴于此，郑州航空港经济综合实验区也把电子信息产业引进作为工作的重点。

1. 航空港区电子信息产业的发展历程

2010 年，富士康公司入驻航空港经济综合实验区，富士康作为全球最大的电子产品代工企业，其项目生产线在郑州开工，是河南省主动承接产业转移、调整产业结构战略的结晶。富士康的进入拉动了电子信息制造相关的企业落户航空港经济综合实验区。

仅在 2013 年就新签约台湾友嘉精密机械产业园、菜鸟骨干网络等重大项目 48 个，总投资额约 1516 亿元。

2013 年 8 月 23 日，航空港经济综合实验区与创维签订正式投资协议。创维无线技术（深圳）有限公司投资 8 亿元，用地 300 亩建设创维手机生产基地，建成后年产手机 2000 万部。先期租用过渡厂房 5000 平方米，2013 年底投产，

2014 年产能 300 万台。

2013 年 10 月底，与全球排名前三位的精密机械制造企业台湾友嘉实业集团签署投资协议，总投资 10 亿美元，用地 1500 亩，建设数控机床、镁合金锻造、立体停车设备生产基地，产品涉及工具机、电子设备、产业设备等领域。

2013 年 11 月 26 日，郑州航空港经济综合实验区与正威国际集团签约，正威集团电子信息产业园和半导体全产业链产业园落户郑州航空港经济综合实验区，正威国际集团正式向半导体进军。

2013 年 12 月 11 日，首届豫台机电信息产业高峰论坛暨郑州航空港经济综合实验区台电机械软件协会成立大会在郑州举行。会上台达电子、三宝集团等 12 家台湾企业代表分别与郑州航空港经济综合实验区签署入驻郑州台湾软件园协议。

2013 年 12 月 14 日，航空港经济综合实验区在北京与北京天宇朗通通信设备股份有限公司签订投资协议，启动天宇智能手机产业园项目，建设天宇综保区生产中心、智能手机研发测试中心大楼、手机生产厂房、仓储物流库房等。2014 年 4 月投产，2014 年产能 600 万台。

2014 年 2 月 16 日，酷派集团签约郑州航空港经济综合实验区，酷派集团是中国专业的智能手机终端、移动数据平台系统、增值业务运营一体化解决方案提供商，将在实验区和综合保税区建立生产制造基地和出口加工基地，对郑州市打造以智能手机为代表的电子智能终端产业集群，提升电子信息产业发展水平起重要的支撑和推动作用。

2. 航空港区电子信息产业发展现状

截止到 2014 年底，航空港实验区高技术制造业存续企业共有 25 家，同比增长 56.3%，其中电子及通信设备制造业 11 家（见图 4－11），存续企业注册资本 42.03 亿元，同比增长 10.8%。电子及通信设备制造业的集聚效应显现，注册资本中电子及通信设备制造业数量第一，为 38.51 亿元，占比 91.6%。

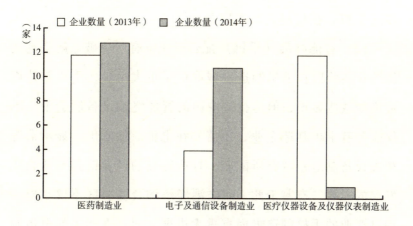

图 4－11 2013～2014 年郑州航空港区电子信息企业落户数

（1）智能终端设备（手机）产业园建成。郑州航空港经济综合实验区的电子信息产业发展迅猛，借助富士康、台达电子等的入驻，2013 年实验区生产手机 9450 万部，同比增长 40.8%，电子信息产业增加值为 1722 亿元，同比增长 42.3%，产值占全省的 70.2%，占全市的 81.9%。

郑州航空港经济综合实验区在进行招商引资过程中，充分发挥航空港的优势和河南省的经济基础和优势，大力引进电子通信设备制造商，希望能够借助航空港的临空优势，打造中国的电子信息制造中心。2014 年 1 月 13 日，实验区智能终端（手机）产业园开园仪式正式举行，有 12 家知名手机制造企业签约，项目总投资额 65 亿元。目前，智能终端产业向实验区集聚发展的态势正在形成，按照"全产业链引进，集群式发展"的思路，以酷派集团、正威集团、天宇朗通等为代表的全产业链集中向实验区转移，使实验区智能终端（手机）招商呈现新的特点。

（2）智能终端（手机）配套产业链有所突破。航空港经济综合实验区在手机制造领域取得了重大突破，手机制造产业集聚效应显现，但是打造中国的智能终端设备制造中心不仅需要有手机制造企业，还需要在电池、显示屏、显示器等相关设备制造领域有所配套，打造完整的产业链是产业长久发展的需要。有鉴于此，航空港经济综合实验区不仅在电子信息产业的手机制造方面有重大进展，而且在相关的电池制造、显示器制造等领域的招商引资也有重要成果。

实验区与西特新能源科技有限公司签订投资协议，投资 10 亿元，用地 300 亩，生产手机聚合物锂电池，建成后年产电池 2000 万块。先期租用实验区过渡性厂房 10000 平方米，2014 年 3 月底投入生产，计划 2014 年生产手机电池 600 万块。并在 2014 年 5 月 14 日开始年产 4000 万安时聚合物锂离子电池生产项目环境影响评价工作。产品主要应用于智能手机、平板电脑等。

深圳百纳威电子股份有限公司项目，投资 6 亿元，用地 100 亩建设手机生产基地代工生产韩国 SK 终端，建成后年产手机 2000 万部。先期租用过渡性厂房 10000 平方米，2014 年计划产能 500 万台。公司未来将重点发展智能手持移动终端通信产品的开发和投入，并加大欧美市场的开发力度。

2013 年 5 月 18 日，在郑州第八届中博会上，签订了朝虹液晶电视及电脑显示器产业园项目投资意向书，朝虹液晶电视及电脑显示器产业园总投资 10 亿元，其中朝虹单个项目投资 5 亿元。主要建设内容为：研发办公楼、生产车间、仓库及液晶电视生产线 2 条、LCD 线路板生产线 4 条。项目建成后可年产 LCD 线路板 220 万块，年产液晶电视（显示器）100 万台。这一项目极大地推动了郑州航空港经济综合实验区的电子信息制造业的全面发展，对于未来的深化布局具有重要影响。

深圳欧菲光科技股份有限公司是一家以开发和生产数码摄像系统中的红外截止滤光片及组立件、触摸屏、光纤镀膜、低通滤波器等产品的精密光学光电子薄膜元器件生产商。智能终端设备比如手机、平板电脑等一个很重要的零部件就是触摸屏，欧菲光触摸屏的落户可以进一步促进电子信息产业园的发展壮大。

3. 富士康发展分析

富士康科技集团创立于 1974 年，是全球 3C 代工领域最大、成长最快的国际科技集团，专业从事消费电子、电脑、通信、数位内容、汽车零组件、通信电路等6C产业的生产制造。1974年在台湾肇基成立以来，富士康取得了很大的成绩，尤其是1988年在深圳地区建厂以来，富士康飞速发展壮大，创造百余万就业机会，拥有全球顶尖IT客户群，在我国26个城市进行产业布局。2014年富士康的进出口总额占中国大陆进出口总额的3.5%，2015年位居《财富》全球500强中第31位。1996～2014年富士康科技集团历年出口额见图4－12。

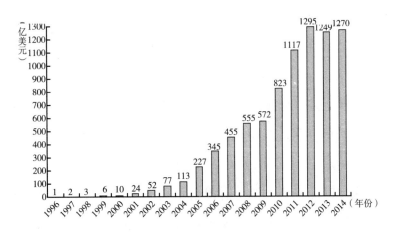

图4－12 富士康科技集团历年出口额（1996～2014年）

2010年富士康落户郑州，2010年9月16日富士康郑州科技园开工。

2011年，也就是富士康落户郑州一年后，其"领头羊"效应就开始显现，港区的注册企业同比增长了282%，个体工商户数量增长了433%，全年手机产量达到2445.3万部，富士康带动港区实现了跨越式发展。富士康一个企业的进出口就达到 94.7 亿美元，占河南省进出口增量的近 29%，拉动全省进出口增长 52.6 个百分点，成为河南省进出口快速增长的中坚力量。

2012 年，郑州富士康已完成布局手机生产线超过 90 条，生产手机超过 1 亿部。

2013 年航空港实验区累计完成投资 200 亿元，其中富士康完成 13.6 亿美元，建设厂房面积 200 万平方米、宿舍 527.6 万平方米。富士康进出口总额占中国大陆进出口总额的 5%，跃居《财富》全球 500 强排行的第 30 位。

截至 2014 年底，富士康郑州公司直接投资企业 12 家，出资总额 10.95 亿元。

4. 富士康落户航空港区的原因

（1）税收优惠。富士康在深圳建厂开工以来，一直享有税收上的优惠，对制造业富士康而言，税收大概是毛利润的 15%～20%。根据《国务院关于实施企业所得税过渡优惠政策的通知》，在未来是否仍能享受到深圳市政府的优惠税率，深圳市政府迟迟不能给富士康一个明确的说法，但郑州提供的优惠政策非常有吸引力。河南省政府除了落实国家关于提高电子信息产品出口退税的政策外，还给予特殊的税收优惠。富士康工厂所在的郑州出口加工区，政府对出口企业按出口收汇核销额，每美元分别给予 0.01 元、0.02 元和 0.04 元人民币的奖励。出口加工区内生产性外商投资企业除享受此优惠政策外，还享受"企业所得税两免三减半"的政策优惠。

（2）建设用地指标优先。在建设用地上，郑州也表现出大手笔。富士康在郑州共有三家工厂：富士康科技园区位于郑州新郑综合保税区内，它是三家公司中规模最大的，注册金额为1亿美元，完全建成后可以吸纳大约60万人就业；富鼎精密工业有限公司的规模较小，仅占富士康在郑州计划生产能力的1%～3%，位于郑州市郊中牟县，主要作用是为产品提供配套支持；富泰华精密电子（郑州）有限公司，位于郑州出口加工区内，投资规模1200万美元。富士康科技园区（航空港区）总占地大约10平方公里，原来有10个自然村，大约8000人，现在土地由政府租用，租金每年每亩1200元，富士康的建设用地指标优先考虑，政府以极优惠的价格将土地规划给富士康使用。

（3）政府服务。除去税收和土地上的优惠，郑州市政府在服务上也极其重视，为富士康生产运行创造条件。为引进富士康，郑州市政府早在2007年成立了"富士康科技集团郑州投资项目协调推进领导小组"，专门负责协调富士康引进的各项事宜。为了争取富士康到郑州落户，相关部门组建了专门的团队专门跑去深圳，一谈就是两个月，坐地招商。项目落地以后丝毫不懈怠，以非常饱满的热情投入建设之中，对富士康的工厂及配套工程都优先建设，一度被誉为"郑州速度"。2011年3月郑州市又专门下达了《郑州市人民政府办公厅关于建立郑州富士康项目促进服务工作机制的通知》，建立项目责任制，与富士康开展深入对接，一个项目、一个团队、一个方案、一条龙服务、一盯到底。项目推进和突出问题周报制度、项目周例会制度及时将问题呈报。涉及富士康项目的行政审批、社会事务管理、公共服务等事项，由项目所在地政府（管委会）负责，明确专门机构，实行无偿全程代办。在项目推进过程中，除市委、市政府督查室按照常规开展工作督查外，市富士康项目推进工作领导小组办公室也采取现场督查和制发督查通知等方式进行专项督查，保证项目按计划时间、节点有序推进。

（4）其他方面政策优惠。此外富士康招工、职工宿舍、食堂、生活区建设、公交车等的投资管理等，都由郑州市政府负责。以招工为例，在招工方面也是由政府出面，河南省各级政府是完成招工任务的主力，由各级人保部门深入基层，介绍富士康招聘情况，并给各级政府下发招工指标，此外政府还将招聘任务分解给一些职业中介机构。2012年苹果公司发布iPhone5，8月富士康郑州公司需要招收20万名工人来保证完成订单，为了提高农民工到富士康工作的积极性，河南省政府还给新进入富士康工作的工人每人每月200元的补贴，这份补贴发放至2012年底，费用由河南省财政厅支出，由河南省人事劳动部门下发。

（5）新郑机场提供的便利航运。富士康主要为苹果做代工，从乔布斯时代开始，苹果公司就用空运的方式运送产品，这也是苹果公司一个巨大的竞争优势。速度快是一个重要方面，从中国到美国，海运需要 30 天，空运只需要 15 个小时。在苹果设备卖出之前，空运货物的储存成本低，此外还可以节省设备在运输过程中的资金成本，整体来看空运成本更低。全球航空经济第一人约翰·卡萨达认为，如今贸易更加自由，顾客要的是速度，不再是"小的"打败"大的"，而是"快的"吃掉"慢的"。快速空运至全球用户手中，可以满足客户快速、高效、安全的要求。苹果手机属于大宗货物，价值高，空运可防止海运过程中浸水和被抢劫等意外发生。航空运输有助于富士康实现"全球组装交货"（Time to Money），也就是俗称的"零库存"，既降低成本，又能够更好地同其他体系进行搭接。

（四）航空港区电子产业承接困难和问题

各地政府不遗余力地招商引资，积极承接产业转移，原因显而易见。产业转移带来就业机会、税收和经济增长，富士康落户河南创造了 30 万的劳动力就业量，出口外贸的爆发式增长。但是不可忽视的是也存在一些困难和问题。

1. 劳动力流动性大，招工难，劳动力成本优势弱化

目前，航空港区的电子信息产业还是以电子信息高端制造业为主，生产车间基本实现自动化、流水线操作。这就意味着每个流水线上的工作人员往往长达数月只重复一个简单的操作，这种接近无意识的操作，难免枯燥乏味。这种机械式的重复导致员工的厌烦情绪，由于工作没有什么技术含量，培训几个小时就可以上岗，所以辞职也没有什么成本损失，

很容易找到新工作。这样一来，员工的稳定性差，稍有不如意就离职，影响生产进程。

从 2004 年开始，珠江三角洲、闽东南、浙东南等加工制造业聚集地区出现了大范围的"民工荒"，虽然河南省是劳动力资源丰富的地区，但电子信息制造业是典型的劳动密集型企业，工人的劳动时间长、工作强度大。在生产高峰期，有的企业甚至会出现一班运作的情况，工人每天工作时间长达 12 个小时以上。劳动密集型企业多采用计件工资制度，未能严格遵循劳动法发放加班工资的规定，劳动强度大，但工资比较低，基本都是以当地要求的最低工资标准作为基本公资。工资底薪低，存在劳动力"自愿失业"的现象，近几年也出现民工荒的趋势。

河南省劳动力供应充足，劳动力成本和其他发达地区相比的确有优势，但目前这种优势在逐渐弱化，虽然劳动力成本还是比发达地区低，但是这种工资差距在逐渐缩小。

2. 缺乏自主创新能力、核心技术依赖、企业经济效益不高、低利润

大多数电子信息产业还处于产业链的低端，产品附加值低，利润中的大部分被国外投资企业拿走，国内企业的剩余利润空间不多，一些电子信息企业"产能充足，效益不高"。

以富士康代工的苹果产品为例，美国科技博客 Business Insider 列举了苹果的各大供应商及其成本占比（见表 4-15）。

表 4 - 15　苹果各大供应商成本占比

单位：%

供应商	零件制造部分	成本占比
富士康	代工组装	40.86
三星	芯片制造	16.00
和硕	生产零部件	5.20
英特尔	芯片制造	2.70
广达	生产笔记本和电子元器件	2.30

从图 4 - 13 可以看出，苹果公司是整个价值链中最大的受益者。它们大部分的零部件都在中国生产，但由于苹果产品的设计、软件开发等核心技术主要是在美国本土完成，产品管理、营销也颇有成效，美国经济获得了最大好处。苹果供应链成本中富士康独占四成，利润分不到 2%，富士康企业处于产业价值链的低端，"大而不强"。

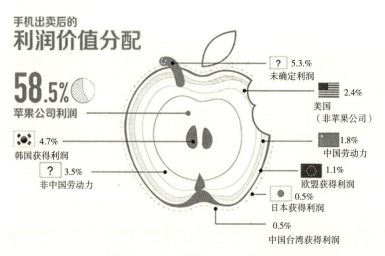

图 4 - 13　苹果手机各部分部件生产区域图及利润分配情况

3. 龙头企业少，缺乏一批有竞争力的企业

统计数据显示，郑州航空港区生产总值由 2010 年的 27.6 亿元上升至 2014 年的 421 亿元，四年中提升近 15 倍。港区的进出口总额占据河南省外贸的半壁江山，坐落于此的富士康郑州工厂则独占鳌头。仅以 2014 年为例，富士康郑州厂完成增加值 330.5 亿元，增长 23.1%，占郑州航空港区当年规模以上工业增加值 96% 以上，代工苹果手机产量约 1.2 亿部，主导着工业经济走向。河南患上"富士康依赖症"的提醒不绝于耳。

作为实验区支柱产业——电子信息产业发展虽然较为突出，但主要还是以加工业为主，富士康等企业甚至呈现一极独大的趋势，但自身蕴含的技术含量不高，仍缺乏具有高技术含量、高附加值和高时效性的先进制造业，所以工业方面综合发展效率也偏低。河南外贸对单一项目依赖程度过高，抵御波动风险的能力不足。富士康进出口的季节性会造成河南省进出口的季节性，河南省外贸和富士康的捆绑效应明显。富士康依赖苹果公司的代工，航空港区依靠富士康的支撑，最容易联想到的就是一旦苹果的代工订单换家，航空港的工业就首当其冲。

（五）未来发展方向

1. 注重规模化发展，加快产业集聚

2011 年，郑州市电子信息产业发展思路实施"以规模化求发展、以自主创新谋突破"两大战略，产业总体定位把电

子信息产业作为郑州市实现发展方式转变的战略性支撑产业。扩大产业规模，重点实施富士康、格力电器、中国联通、中国移动等一批龙头型、基地型项目，发挥龙头企业的带动作用，培养一批具有竞争力的企业，提高产业集中度，加快配套企业集群式引进，形成产业集聚效应。

2. 提高自主创新能力和技术水平，使产业链条向高端延伸

通过加大研发资金和人力、物力投入来提高企业自主研发创新能力和核心技术水平，从低附加值产品与服务向高附加值产品与服务转变，从产业链低端向产业链高端进行转型提高企业效益和竞争力，成立新产品与新技术的研发机构。中国应探索新的制造模式以适应瞬息万变的市场需求，提升应用电子、信息安全、光伏、新型显示、半导体照明等优势信息产业行业竞争力，抢抓物联网、云计算等新兴行业发展机遇，构建现代信息技术产业体系。

3. 政府促进资源优化配置，做好职能工作

搭建平台，积极引进人才，加大对人才的吸引力度，为企业培养力量。改进服务方式，及时解决企业发展中的问题，为企业提供融资渠道，做服务型政府。引导企业及时调整生产方式，加强供应链管理。

4. 郑州富士康的三个转变尝试

（1）万马奔腾计划——渠道建设促商业转型。2010年富士康推出了万马奔腾计划，就是计划在两三年内，在全国开

设 1 万家以上的 3C 及家电渠道连锁店，这似乎与传统的家电连锁类似，然而其技高一筹的是要上下产业链"通吃"，以"生产线＋销售平台"的直销模式来切入市场。利用自身的代工产能优势和员工的专业技能大力布局内地城乡，缩短供应链，减少库存，进一步降低成本。富士康原本就是 3C 电子制造商，"万马奔腾"项目实施后，富士康可以使自己生产的产品直接进店，省去了中间环节的费用，更具成本优势。

富士康的"万马奔腾"新经营模式，是一次渠道建设的探索，富士康要由世界工厂向世界市场转变，这种探索也是必需的。富士康一直都是为外国品牌做代工，有必要建立自己的渠道和品牌，实现商业转型。

（2）太阳能项目建设——开发新能源降低成本。富士康科技集团承诺将从河南省起，在 2018 年以前建设 400MW 太阳能项目。富士康承诺组装 iPhone 的郑州厂未来都将采用洁净能源。随着光伏制造环节的硅料、辅材耗材成本、材料单耗等成本压缩渠道逐渐接近极限，"转化效率提升"将是未来光伏发电成本长期持续下降的重要来源。中短期看（3～5 年内），基于单晶硅片的各类高效电池组件技术的推广应用，将持续加大单晶相比多晶的性价比优势，并帮助单晶路线市场份额的提升。长期来看，基于钙钛矿结构的薄膜光伏组件无疑是最具有发展潜力的新型技术分支。

（3）第6代 LTPS 液晶面板项目投资研发、建设向高端产业链条延伸。第6代 LTPS 液晶面板项目总投资280亿元，2018年实现量产。此次富士康在郑州投资建设手机高端显示面板项目，也是为了瞄准手机产业链上游，掌握上游话语权。低温多晶硅（LTPS）是目前全球高端应用市场最具发展前景的主流显示技术之一，用于中高端智能手机、平板电脑等中小尺寸显示领域，第6代 LTPS 是目前全球范围内的最高生产世代线。LTPS 项目主要为苹果公司制造手机屏，在郑州实现量产后，每个月能生产2万件液晶面板，同时，还可带动产业链上下游设备、材料、零组件、终端产品等项目的集聚，以及周边化工园区的协同发展，以该项目为核心，形成全国最具活力的光电产业集聚地，使富士康科技集团从纯粹的硬件制造走向技术服务的领域。

第三节　装备制造业转移发展案例
—— 以方城县承接轴承制造为例

装备制造业属于技术密集型和资本密集型产业，为国民经济和国防建设提供生产技术装备，是制造业的核心组成部分，是国民经济发展特别是工业发展的基础。它的发展水平反映了科学技术、材料、加工、工艺设计的综合配套能力，所以是衡量一个国家和地区工业化水平与经济总体实力的标志，决定着国家经济实力、国防实力、综合国力和在全球经济中的竞争与合作能力。所以，研究中西部地区是否在承接东部地区装备制造业转移及其相关政策，对中西部地区更好地实施产业扶持政策，实现区域经济的快速发展具有重要的现实指导意义。

一　我国装备制造业的发展

（一）我国装备制造业的基础奠定

我国装备制造业的建立奠基于"一五"时期从苏联与东欧国家引进的 156 个重点工矿业基础建设项目及后来的"三线建设"，奠定了我国初步工业化的部门经济基础。

前者以 156 个重点工程项目为核心，以 900 余个限额以上大中型项目配套为重点，在长春、哈尔滨、吉林、北京、洛阳、武汉等地进行布局，奠定了新中国成立初期我国的装备制造业基础。东北是布局的重点区域，57 项布局于此：24 项布局在辽宁，包括鞍钢、抚顺电缆厂、大连造船厂、沈阳机床厂等；布局黑龙江 22 项，包括装备制造业多个大类，如哈尔滨电机厂、汽轮机厂、锅炉厂、轴承厂、机器厂、机械厂、电表仪器厂、继电器厂、中国第一重型机械集团公司等；11 项布局在吉林，其中就有制造出新中国第一辆东风牌小轿车和第一辆红旗牌高级轿车的长春第一汽车制造厂。这也直接奠定了东北重工业基地的装备制造基础。当时共 10 个项目布局河南，其中 8 项在洛阳，如洛阳拖拉机厂、矿山机械厂、洛阳轴承厂、河南柴油机厂等。直到今天，洛阳依然是河南省装备制造领域绝对的领跑者。

1964 年开始的"三线建设"，国家将工业向中西部地区的 13 个省、自治区①进行转移。这其中就有布在十堰的中国第二汽车制造厂，长安集团、嘉陵工业集团的前身重庆轻兵器工业基地。这次转移改变了解放初期我国工业、国防工业绝大部分分布在东北、华北一带的状况，也奠定了重庆、贵阳、安顺等城市的装备制造业基础。

（二）我国装备制造业发展现状

经过 60 多年的发展，我国装备制造业拥有比较完备的工业生产体系，强大的生产能力和巨大的存量资产，且空间布局及发展格局等也发生了很大变化。2014 年按产值计算，我国装备制造业居世界首位，占全球比重超过 1/3，并且在工程机械、数控机床、机电产品、港口设备等诸多行业产销量居世界前列，成为无可争议的支柱性产业。2014 年我国装备制造业各主要指标占全国工业总体比重均为 25%～35%，规模以上工业企业的主营业务收入为 36.5 万亿元，占全国工业企业主营业务收入的 32.97%，较上年增长 9.45%。②

---

① 三线地区：指四川（含重庆）、云南、贵州、陕西、宁夏、甘肃、青海 7 个省份及河北、河南、山西、广西、湖南、湖北等省份的腹地部分，共涉及 13 个省份。
② 资料来源于国家统计局网站。

从我国装备制造业的区域分布来看（见图 4－14），江
苏、浙江、广东及山东等沿海经济发达省份成为我国装备
制造业的主要集聚地区，区域集聚程度很高，2013 年东部
地区装备制造业工业销售产值为 24.17 万亿元，占全国的
72.89%，其中江苏省的装备制造业居于首位，占全国的比
重达到 18.37%，其次是广东和山东，而中、西部省份的
产业集聚程度较低，区域间发展极不平衡，2013 年东部地
区装备制造业工业销售产值为 8.99 万亿元，占全国的
27.11%，其中占比最高的为河南省，占比为 4.16%（见
表 4－16）。

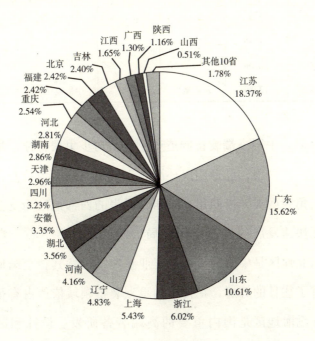

图 4－14　2013 年各省份装备制造业占全国份额

表 4-16   2013 年我国各省装备制造业工业销售产值份额

单位：%

地区	2013 年	地区	2013 年	地区	2013 年
江苏	18.37	四川	3.23	河南	4.16
广东	15.62	重庆	2.54	湖北	3.56
山东	10.61	陕西	1.16	安徽	3.35
浙江	6.02	贵州	0.20	湖南	2.86
上海	5.43	甘肃	0.19	吉林	2.40
辽宁	4.83	云南	0.17	江西	1.65
天津	2.96	新疆	0.16	山西	0.51
河北	2.81	宁夏	0.05	黑龙江	0.45
福建	2.42	青海	0.03	内蒙古	0.45
北京	2.42	西藏	0		
广西	1.30				
海南	0.09				
东部地区	72.89	西部地区	7.73	中部地区	19.38

目前，中国高端装备制造产业显示初步集聚特征，集群化分布进一步显现，已形成以环渤海、长三角地区为核心，东北和珠三角为两翼，以四川和陕西为代表的西部地区为支撑，中部地区快速发展的产业空间格局，即"两核多中心"空间布局。东北地区是中国的传统老工业基地，虽然其在全国地位已经没有了往日的辉煌，在传统的重型装备领域依然占有很大比重。环渤海地区是国内重要的高端装备研发、设计和制造基地。长三角地区是国内重要的高端装备制造业开发和生产基地，在国内高端装备制造产业中占有重要地位。珠三角地区是

机床、智能机器人、海洋工程和航空服务业的研发和生产基
地。中西部地区，逐渐成为我国轨道交通装备的重要制造基地，
在航空领域也有快速发展，中西部地区拥有一定的装备工业基
础，虽然相关配套产业相对弱一些，但是，可以抓住具有传统优
势的产业，完善产业链，走特色发展道路（见表4-17）。

表4-17　中国装备制造业空间布局

地区	主要基地	具体领域
东北	中国传统老工业基地	重型机床、金属冶炼、大型电力设备、飞机制造等产业基础雄厚
环渤海	高端装备研发、设计和制造基地	北京是全国航空、卫星、机床等行业的研发中心；山东和河北依托其海洋优势发展成为海洋工程装备、机床以及轨道交通装备的产业聚集区
长三角	高端装备制造业开发和生产基地	上海为国内民用航空装备科研和制造重点基地；江苏海洋装备工业发达，浙江以轨道交通装备零部件制造业和数控机床产业为特色
珠三角	机床、智能机器人、海洋工程和航空服务业的研发和生产基地	以广州为中心的深圳、佛山、珠海、东莞等城市有良好的经济基础和丰富的人才资源，装备制造业将向智能化方向发展
中西部	我国轨道交通装备和航空装备的重要制造基地	湖南和山西分别以株洲和太原为中心成为我国轨道交通装备的重要制造基地；湖南和江西作为国家重点航空产业基地所在地区快速发展；四川、重庆、陕西、贵州和云南5个省份，也逐渐形成了航空、卫星、轨道交通装备和机床等产业的集聚区

　　从装备制造业竞争力的角度看，可以将空间布局内的五
大区域进行划分，依次是珠三角地区>长三角地区>环渤海
地区>东北地区>中西部地区。[①] 从省域竞争力角度看，我

---

　　① 齐阳、王英：《基于空间布局的中国装备制造业产业竞争力评价研究》，《经济问题探索》2014年第8期。

国装备制造业产业竞争力从强到弱依次为广东、江苏、山东、浙江、上海、辽宁、四川、湖北、天津。随着装备制造业的发展，中国装备制造产业将加快集聚步伐，更快地向园区集聚、向经济发达地区集聚、向人才和科技密集型地区集聚。

（三）我国装备制造业的区域间产业转移

通常认为我国的产业转移是在 2004 年左右开始大规模进行的。因东部沿海劳动力、土地等要素价格的上升，区域产业结构调整和环境保护等需求的增强，中西部地区经济发展带来的巨大市场空间，以及其发达的公路、铁路、航空运输网络形成的巨大物流集散能力，使东部地区众多劳动密集型产业，如家具制造业、纺织服装业等，开始逐渐向中西部转移。总体具有高资本投入、技术密集、高集聚水平等特征，以及未来高端化、智能化的发展方向似乎都决定了装备制造业的主要发展阵地是东部沿海地区，很难向中西部等区域发生转移。装备制造业在本轮产业转移浪潮中，是否也在发生类似劳动密集型产业的转移？具体从哪些地区转出，落地到何处？同处于中西部的省份之间承接装备制造业产业转移的情况是否相同？若不同，那么这种差异缘何而起，为什么同一区域的省份之间会存在如此差异，是否和当地的相关政策有关？哪些政策在吸引东部地区企业转移落户中发挥了关键作用？本节通过对 2004～2013 年我国各省份装备制造业相关数据的梳理，对装备制造业在我国的空间分布、产业发展、转移趋势等情况进行分析。

此处，我们选择一般界定的全口径装备制造业概念，即包括《国民经济行业分类与代码（GB/4754 - 2011）》中制造业门类的金属制品业，专用设备制造业，通用设备制造业，电气机械及器材制造业，交通运输设备制造业，通信设备、计算机及其他电子设备制造业，仪器仪表制造业 7 个大类，以便于边界界定和数据搜集。因近十年数据中工业增加值概念在年鉴中不可连续获得，故本节分析中选取各行业工业总产值等指标来衡量各行业的总体规模，其中 2012 年、2013 年因统计口径的变化，工业总产值不可得，故选取概念相近、数额差异较小的工业销售总值进行替代。通过对比 10 年间各区域装备制造业总产值占全国装备制造业总产值份额的变化来间接说明该区域是否发生了相对产业转移及其规模。本节数据均由 2005 ~ 2014 年《中国工业统计年鉴》中相关数据整理得到，故数据更新至 2013 年。

从前一部分的分析可以看到，东部沿海地区因其良好的产业基础、人才资源、靠近国际市场等优势，符合未来装备制造业高端化、智能化、精密化发展趋势的需要，依然会是我国装备制造业发展的前沿阵地。但过去 10 年，东部地区装备制造业在全国的占比下降了 10.9 个百分点。中部地区和西部地区占比分别上升 8.33 个和 2.62 个百分点，即过去 10 年间，东部地区的装备制造业处于不断的发展中，但因其经济结构调整、环境保护等要求日益紧迫，一部分装备制造业确实向中西部地区进行了转移，且转入中部的远远高于转到西部的，但并未改变我国装备制造业的基本空间格局。

由表 4 - 18 可以看到，东部地区在装备制造业领域具有绝对的份额占有量。即便在产业转移趋势开始后 10 年，其装备制造业工业总产值占全国装备制造业工业总产值的比重依然高达 72.89%，而中西部在连续多年的增长后，这一比例提高了 10.95 个百分点，达到了 27.11%。由此可知，从相对产业转移概念出发，10 年间，我国装备制造业确实发生了较为明显的从东部向中西部的区域转移。其中河南省、安徽省的占比分别上升 2.33 个和 1.88 个百分点，而同属于中部六省的山西省 10 年间装备制造业的全国占有率仅提高了0.05%。详见 2004 年、2013 年东中西地区装备制造业份额示意（见图 4 - 15、图 4 - 16）。

表 4 - 18　区域装备制造业工业总产值份额

单位：%

地区	2004 年	2005 年	2009 年	2013 年
东部地区	83.84	84.05	79.21	72.89
中西部	16.16	15.95	20.79	27.11
中部六省	7.75	8.00	11.04	16.09
河南	1.82	2.00	2.76	4.16
安徽	1.48	1.51	2.27	3.35
山西	0.46	0.47	0.41	0.51

注：①东部地区：遵循一般界定，指北京、河北、天津、辽宁、江苏、上海、浙江、山东、广西、广东、海南，福建共 12 个省份。

②中部地区：遵循一般界定，指山西、内蒙古、吉林、黑龙江、江西、安徽、河南、湖南共 8 个省份；西部地区，指重庆、四川、云南、贵州、西藏、山西、青海、宁夏、甘肃、新疆共 10 个省份。

③中部六省：河南、湖南、江西、山西、湖北、安徽。

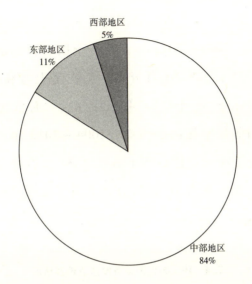

图 4 - 15 2004 年东、中、西部装备制造业份额

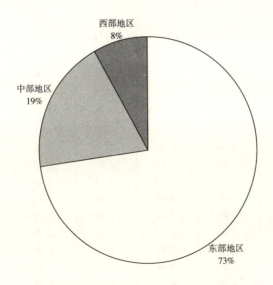

图 4 - 16 2013 年东、中、西部装备制造业份额

具体到各个省域装备制造业转移情况，根据表 4 - 19、图 4 - 17、图 4 - 18，可以清晰地看到，转出趋势最明显的省份为广东。2004 ~ 2013 年，其占全国装备制造业工业总产值份额下降了 6.81 个百分点，其次是上海和浙江 10 年间分别下降了 5.55 个、2.74 个百分点。而承接装备制造产业转入趋势最明显的是河南，2004 ~ 2013 年，其占全国装备制造业工业总产值份额上升了 2.34 个百分点，紧随其后的江苏省和山东省 10 年间分别上升了 2.30 个、2.24 个百分点。

表 4 - 19　各省份装备制造业份额情况

单位：%

地区	2004 年	2005 年	2007 年	2009 年	2013 年
江　苏	16.07	15.95	16.45	17.90	18.37
广　东	22.43	22.75	21.12	18.58	15.62
山　东	8.37	9.18	9.68	10.92	10.61
浙　江	8.76	8.90	9.21	7.67	6.02
上　海	10.98	10.07	9.29	7.42	5.43
辽　宁	3.32	3.33	4.14	5.07	4.83
河　南	1.82	2.00	2.34	2.76	4.16
湖　北	2.34	2.32	2.29	2.70	3.56
安　徽	1.48	1.51	1.77	2.27	3.35
四　川	1.63	1.79	2.14	2.66	3.23
天　津	3.95	3.85	3.43	2.89	2.96
湖　南	1.08	1.08	1.23	1.85	2.86
河　北	1.69	1.79	1.92	2.30	2.81
重　庆	1.62	1.51	1.65	1.86	2.54
福　建	3.28	3.08	2.70	2.43	2.42
北　京	4.09	4.31	3.81	2.99	2.42
吉　林	2.14	1.76	1.89	2.07	2.40
江　西	0.58	0.62	0.79	1.06	1.65

续表

地区	2004 年	2005 年	2007 年	2009 年	2013 年
广　西	0.72	0.69	0.75	0.97	1.30
陕　西	1.08	1.00	1.06	1.16	1.16
山　西	0.46	0.47	0.47	0.41	0.51
黑龙江	0.88	0.85	0.73	0.70	0.45
内蒙古	0.27	0.29	0.31	0.48	0.45
贵　州	0.23	0.23	0.20	0.19	0.20
甘　肃	0.16	0.14	0.13	0.16	0.19
云　南	0.21	0.21	0.19	0.22	0.17
新　疆	0.09	0.08	0.10	0.15	0.16
海　南	0.18	0.15	0.12	0.07	0.09
宁　夏	0.07	0.06	0.06	0.07	0.05
青　海	0.02	0.02	0.02	0.03	0.03
西　藏	0.00	0.00	0.00	0.00	0.00

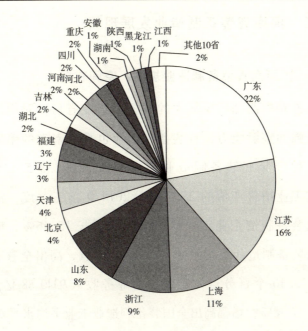

图 4－17　2004 年我国各省份装备制造业工业总产值份额

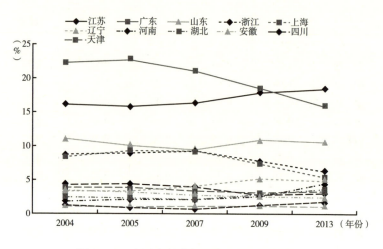

图 4-18　主要省份装备制造业份额变化趋势

二　河南省装备制造业发展现状

（一）河南省装备制造业规模、空间布局

河南是中西部规模最大的装备制造业省份，对周边地区具有较强的辐射能力，且装备制造业也是河南省的第一支柱产业。2013 年底装备制造业销售产值达到 13875.42 亿元，占全省工业销售产值的 23.40%。2014 年前三季度，河南规模以上装备制造企业工业增加值同比增长 15.46%，增幅高出全国装备制造业平均水平 4.66 个百分点，高出全省工业平均水平 3.46 个百分点，实现主营业务收入 9340.88 亿元，同比增长 17.18%，增幅高出全国装备制造业工业平均水平 6.25 个百分点，高出全省工业平均水平 6.08 个百分点（见表 4-20）。

同我国装备制造业基础奠定同步，河南省的装备制造业

表4－20　2010～2014年河南省装备制造业规模以上
工业企业主营业务收入

单位：亿元

行业	主营业务收入				
	2010 年	2011 年	2012 年	2013 年	2014 年
金属制品业	625.44	788.25	1066.39	1307.72	1678.73
通用设备制造业	1654.9	2211.24	1908.86	2394.96	2791.28
专用设备制造业	1678.41	2198.02	2423.3	2727.2	3212.84
交通运输设备制造业	1383.38	1912.36	2028.3	2554.79	3070.82
电气机械及器材制造业	1127.12	1499.86	1847.28	2275.88	2711.98
通信设备、计算机及其他电子设备制造业	207.87	657.69	1682.01	2344.3	2897.92
仪器仪表及文化、办公用机械制造业	174.47	235.00	220.16	270.57	339.69
装备制造业	6851.59	9502.42	11176.3	13875.42	16703.26

资料来源：国家统计局网站。

基础也是依据新中国成立初期的"156工程"和"三线建
设"工程而建立。经过不断的发展，现输变电装备、大型矿
山设备、现代农业机械、大型空分设备、轴承等领域的主导
产品技术水平位于全国前列。同时新能源设备、轨道交通设
备、物流机械、建筑机械、节能环保设备等领域国内领先，
并形成了基础部件、铸锻件、机床及辅具、仪器仪表、关键
特种材料等特色突出的基础部件产业。

　　从市域角度看，河南省的装备制造业逐步形成了一定区
域的集聚。形成了以洛阳动力谷、许昌中原电气谷和郑州、
新乡（打造新乡"中国振动之都"）、南阳、安阳为代表的
"两谷四基地"。同时在县级区域也形成了一定的装备制造集
聚，如濮阳的石油机械制造、长垣的起重机械制造、方城的
轴承制造、沁阳的造纸机械加工、荥阳和长葛的建筑机械、

新乡县的振动机械、淅川县汽车零部件（减震器）等，成长起如中信重工、郑煤机、开封空分、宇通重工、大方桥梁、焦作厦工、洛阳机车、卫华集团、豫飞重工等一批优势企业。而这些项目所在区域，得益于其前期形成的良好产业生态链条，正在本轮装备制造业从东部向中西部的转移中成为承接转移的前沿阵地。

（二）河南省产业转移政策评价

可以看到，从相对产业转移的角度看，河南省为中西部地区承接装备制造业产业转移规模最大的省。故此处选取河南省为例对其相关产业转移政策进行评述。

前文提到，在河南省装备制造业占全国的份额提高 2.33 个百分点的同时，同为中部六省的山西省，其装备制造业占全国的份额仅上升了 0.05 个百分点。那么这种差异缘何而起，为什么同一区域的省份之间会存在如此差异，是否和当地的相关政策有关？下面我们结合河南省的具体产业政策及笔者在南阳市方城县调研得到的情况进行说明。

1. 河南省承接产业转移的抓手——产业集聚区发展现状

作为中部地区的支柱产业，同时也是东部产业转移的重点产业之一，装备制造业的顺利承接对于中部地区的发展将起到极其重要的推动作用。而提到河南省承接东部装备制造业转移的相关政策，就不能不提河南省委省政府提出的规划建设产业集聚区的重大战略决策。近 6 年，在河南省承接机械装备产业转移的过程中，产业集聚区成为河南省承接产业转移的核心载体，发挥着至关重要的作用。

自 2008 年初产业集聚区启动建设以来，河南省相继建设了 180 个规模、体量不一的产业集聚区。在各地市工业经济发展中的带动和支持作用显著，信阳、开封、周口、驻马店、新乡的产业集聚区占规模以上工业增加值的比重均在 65% 以上，最高的信阳甚至达到了 80.8%。

截至 2013 年底，全省 180 个产业集聚区规划区面积为 3685.5 平方公里，建成区面积达到 1740.7 平方公里，同比增长 14.4%，建成区面积占规划区面积的 47.2%，标准厂房为 1.75 亿平方米，比上年末提高 26.7%。规模以上工业利润总额为 1906.68 亿元，主营业务收入为 31263.81 亿元，同比分别增长 26.4% 和 19.8%，实现规模以上工业增加值 7600 亿元，同比增长 21.9%，增速高于全省规模以上工业增速 10.9 个百分点。共完成固定资产投资 12670 亿元，同比增长 26.2%，增速高于全省固定资产投资增速 7.3 个百分点。占全省固定资产投资的 50.4%。亿元及以上在建项目 5482 个，同比增加 480 个，完成投资 9587.33 亿元，占全部投资的比重达到 86.1%，新开亿元及以上项目 2501 个，同比增加 162 个，占全省的比重为 57.8%，表明产业集聚区已经成为各地市吸引各类投资的主平台。而产业集聚区间的产业布局趋同现象突出，180 个产业集聚区中，有 79 个主导产业涉及装备制造业。

2. 其他相关产业政策

2009 年河南省政府颁布了《关于积极承接产业转移加快

开放型经济发展的指导意见》，指出"把招商引资作为今后一个时期全局性和战略性的工作来抓，加快承接境内外产业转移，努力建立促进招商引资的新机制"，"结合我省产业振兴规划，以国家级开发区、省级开发区和各类产业集聚区为主要载体，找准承接产业转移的结合点和突破口，提高招商引资的针对性和实效性"，"境内重点承接珠三角、长三角、闽东南和环渤海地区的产业转移项目"。扶持政策方面，从土地利用、环境容量、财税扶持、金融支持等方面，最大限度地吸引落户企业。

2009年9月，河南省政府还印发了《河南省装备制造业调整振兴规划》，定位于"把装备制造业作为构建现代产业体系、实现中原崛起的战略支撑产业，把河南省建设成为具有国际影响力的装备制造业强国和我国重要的现代装备制造业基地"，并于2012年启动河南省首批特色装备制造产业园创建。

另外，在调研中我们发现，县级政府的优惠政策，通常是在省、市制定的优惠政策之上再给予更多优惠，并且不同企业的优惠条件也会有一定的弹性空间。并且通过开发区、集聚区建设，在省内工信、发改等相关部门领导群中形成一种依托产业集聚区招商引资的工作氛围和干事创业精神，从而形成对物质优惠政策的良好的服务配套。从省级到县级良好的产业政策，降低了企业迁移的成本，提高了迁移后的成活率，较好地促进了对东部地区转入装备制造业的承接。

三 方城县承接轴承产业转移的案例分析

装备制造业是一个涵盖宽泛的大类概念，直接以这样的层次对实际情况进行考察难以操作，故此处选择方城县的轴承产业为切入点对河南省承接装备制造业转移的情况进行说明。

我国的轴承工业经历 60 多年的发展取得了显著成绩。目前，我国轴承行业持续稳定发展，销售额和轴承产量位居世界第 3 位。2014 年我国轴承行业主营业务收入 1649 亿元，形成了瓦房店、洛阳、江苏、浙江和聊城五大轴承产业基地。除洛阳以外，通过招商引资积极承接沿海地区产业转移，河南省成长出轴承产业集聚发展的新秀——方城。

（一）方城县承接轴承产业转移的现状

近年来，方城县围绕打造轴承产业集群的目标，承接了多个轴承企业的转移，其中中亚冶金投资集团所整合的宁波轴承部分，便是东部地区轴承产业向中西部转移的直接证据。

方城县承接轴承产业转移的主要载体是方城县产业集聚区，于 2009 年 4 月经河南省政府批准成立，为"一区两园"模式，规划建设面积 13.68 平方公里。东园位于县城东南部二郎庙乡，规划面积 6.68 平方公里；西园位于县城西南部，规划面积 7.00 平方公里。产业集聚区内，以轴承产业为主导的装备制造业集聚效应明显。

成立之初，产业集聚区以承接美国优必胜（上海）轴承公司总投资 5 亿元的轴承加工制造项目的产业转移为契机，围绕产业上下游链条需求，先后整合牡丹江、宁波、新密、荥阳和方城的轴承企业，建成河南中亚冶金轴承集团。连同总投资 10 亿元的河南优必胜钢管冷辗公司、总投资 5.5 亿元的河南中亚冷辗扩技术公司和总投资 3 亿元的河南中亚精密机械公司，这四家公司的 11 个项目逐步形成了方城县"冷辗扩成套设备—轴承钢管—轴承套圈—轴承滚动体及各种配件—轴承产品"的闭合产业链条，2015 年完成产值 60 亿元。

随着产业链的日渐完备，方城轴承产业的吸引力也越来越大，集聚效应越来越明显，2014 年有四家轴承生产相关企业项目迁至方城：宁波镇海区成功轴承厂年产值可达 3 亿元，具有年产 1.5 亿套轴承内外套圈生产规模的 50 条生产线；宁波北仑区昆仑石化管业公司，总投资达 2.3 亿元，采用国际先进技术，当前国内产能、口径最大的 160 型热轧钢管生产线；洛阳莲达钢球厂年产值可达 1.2 亿元，年产 6000 吨各类轴承滚动体的 200 台套钢球生产线。另外还有浙江新昌双凌轴承有限公司的 50 条汽车轮毂轴承加工生产线搬迁项目。这 4 个项目可增加 1600 个就业岗位，投产后可增加年产值 15.2 亿元。

较为完备的产业链条不仅吸引了大批项目，还带来了一批国内先进的高新技术：获国务院颁发的科学技术进步二等奖，不仅可将材料利用率提高 30% 以上，而且可大幅提高产品质量和使用寿命的冷辗扩设备生产技术；可比常规车床减少用工60%，提高质量和工作效率40%的展臂式全自动数控车削线项目的单工件六工位车削模式；经河南省科技厅批准在中亚冶金轴承公司正式设立的轴承材料院士工作站，专业科研团队依托院士工作站开展轴承冷辗热轧材料高新技术研究，将为方城轴承产业集群后续的健康发展提供强有力的智力支持。

众多轴承产业链上企业的入驻，正是方城县按照"大项目—产业链—产业集群"，扶优壮强，打造产业集群发展思路的实践。依托现有轴承企业和进一步的招商引资，方城县计划打造轴承机械制造产业园、轴承套圈及成品轴承产业园、热冷轧轴承钢管产业园，以及于2015年底投入运营，实现综合收入2亿元的物流包装模具产业园等集群发展。

一个新兴的轴承产业集群正在形成。但为什么是方城，为什么是轴承产业？这就不得不提到方城天元轴承有限公司的前身国有原方城轴承厂。该厂始建于20世纪50年代，经过多年的发展和创新，现已成为年产3类轴承30多万套，年产值5000万元，投入生产7类产品，广泛应用于矿山、冶金、石油、造纸、运输、建筑、数控机床等机械设备的主机配套及维修的轴承企业。方城县轴承产业集群建设从2011年起步，进入产业集聚区的第一家轴承企业河南中亚冶金轴承集团有限公司就是以收购方城轴承厂为开端在方城县布局其轴承产业链的。随后方城县的轴承产业集群实现了滚雪球式的迅猛发展，投资企业从一家扩展到四家，总投资突破8亿元，年产值达20亿元。

（二）方城县产业转移政策评价

优厚的产业转移落地政策，突出主导产业、围绕主业延链补链强链的产业集聚区建设思路及落地项目的巨大带动效应，使方城县在众多承接地的竞争中脱颖而出，已初步形成了一条相对完备的产业链条，成为国内新兴的一流轴承生产基地。而方城县从土地、财税、服务等方面给予企业的全方位优惠总体上可以概括为以下四个方面。

1. 用地优惠

固定投资在1000万元以上的项目，土地出让金县级财政地方留成部分，用于基础设施建设；获得省级以上科技部门认证的高新技术企业项目，土地出让金和报批相关税费县级财政地方留成部分，用于基础设施建设；投资额在1亿元以上，且科技含量高、附加值高、税利高，对县域经济发展有明显拉动作用的企业项目，采取"一事一议，特事特办"的方式供地。

2. 财税优惠

集聚区新开工项目，形成当年税收县级财政地方留成部分的50%，连续5年奖励给投资者；集聚区内现有企业技改扩建新项目，当年新增税收县级财政地方留成部分的50%连续5年奖励给企业；入驻集聚区的获得省级以上高新技术认证项目，由集聚区管委会按照"一项一策"的原则实行更加优惠的税收政策。

3. 服务承诺

对每个企业项目成立一个项目服务领导小组，项目服务责任人对项目全程负责协调服务，新开工项目确保达到"六通一平"，对集聚区内新开工项目，一切县控行政性规费免收，一切县控技术性规费按国标下限优惠收取。对重点企业，实行绿色通行证制度；对重点企业的法定代表人，实行企业创业卡制度。实行市民待遇平等制度，对集聚区内的项目实行相对封闭式管理，建立企业评议职能部门制度。

4. 引资奖励

新落户集聚区项目税收留成超过 10 万元，连续 5 年进行奖励。这些政策的实施为转入企业创造了良好的营商环境，较好地弥补了方城县在地理位置、交通上的劣势，在方城县承接东部轴承产业的区域间转移的过程中发挥了重要作用。

综观上述分析，不难看出方城能够成长为新兴的轴承产业集群，有四个方面的原因。首先，原国有方城轴承厂的存在为方城县注入了宝贵的轴承产业发展基因，培养了一批熟练的技术工人及熟悉行业和市场的管理人员。而这些人才的存在及人们对轴承产业天然的文化亲切感，也使方城相对其他外部条件相似的地域更具吸引力。其次，产业集聚区积极承接产业转移的政策措施和正确的发展思路，帮助企业降低了迁移的成本，提高了迁移后的成活率。再次，装备制造业虽为资本技术密集型产业，但其组装式工业的特质也决定了它同时也具有劳动密集型产业的特质，在人力资源方面相对东部更有优势。最后，装备制造业与其他产业关联度大、带动性强，易于形成集群的特点，使产业易于在特定区域高集聚度的发展。以上四点共同促成了方城轴承产业的再次生发和繁荣。

未来，轴承行业的发展方向是聚集化、高端精密化。方城县应该持续承接轴承相关企业入驻产业集聚区，并支持各个企业之间通过合并、重组等方式来扩大规模，降低运营成本。为企业群搭建共享的产学研平台，沟通科研与实际产业发展，从而提高产品的精密度和科技含量，提高产品竞争力，打造国内一流的轴承生产基地。

第四节　食品产业转移发展案例
——以临颍县食品产业园区发展为例

一　临颍县承接产业转移基础条件分析

（一）拥有良好的自然资源

临颍地处平原、土壤肥沃、水利充足、气候适宜，自古盛产麦、黍、谷、豆等作物，特别是属于优势强筋小麦主产区，能够有效满足优质食品生产需求。除本地农产品外，周边地区均是产粮大县，共同形成"中原粮仓"，凭借地缘优势，可为食品企业提供充足的高质量、低成本原材料。此外，以漯河市肉联厂为前身的双汇集团是目前中国最大的肉类加工基地，这为临颍承接产业转移提供了良好的食品加工基础。

（二）　交通区位优势明显

食品终端消费的特点，要求产业必须有便捷的物流体系作支撑。临颍县位于河南省中原城市群产业带上，107 国道、京珠高速公路、京广铁路、京港快速客运铁路四条交通大动脉穿区而过，省道 S329 横贯东西，是郑州、许昌、漯河中原城市群节点城市，北距新郑国际机场 60 公里，特别是郑州至许昌城际轻轨的修建、新郑机场许昌航站楼的建立，使临颍县 30 分钟即可到达新郑国际机场。西安、武汉、南京、合肥、济南、太原等周边省会城市，全部处在 5 小时车程之内，可以辐射周边 3 亿多人口的消费市场。临颍是企业原材料运输、产品销售最适宜的集散地，是企业投资兴业的首选之区。

（三）　拥有完善的产业载体基础

临颍高标准投资建设了 23.72 平方公里的产业集聚区，已建成 14 平方公里。集聚区实现"七通一平"，配备建设了铁路专用线、污水处理厂、物流基地，新建人才公寓、职工文体中心、园区小学等配套设施。实施产业集聚区、特色商业区、城市老城改造区、现代家居园区、现代物流园区、黄龙湿地保护区、新农村建设示范区"七区同建"的政策，推动工业、农业、城建、社会事业项目同时招商，启用三大综合生活服务中心、行政审批一站式服务中心，逐步完善食品职工培训中心及质量检测检验平台、科技创新平台、土地整理平台、资金融通平台、人力资源服务平台、电子商务平台六大平台，为食品企业发展提供优质"土壤"。

（四）能够保障优势明显的生产要素

临颍县的水电气煤油保障十分充足，南水北调中线工程在临颍留有分水口，为项目用水提供了有益补充。西接煤城平顶山，煤炭资源惠及临颍。临颍地价在全国属中等偏低水平，企业支付县级区片地价，可享受平顶山、许昌、漯河等地市级的资源供应。此外，大量农村劳动力以及完善的职业培训体系，为食品企业提供大批高技能、低成本的技术人才和产业工人。

二 政府部门推动产业承接所采取的政策措施

（一）突出选优培强，抓好重点项目的实施

1. 提高产业转移、招商门槛，以优势项目促集群转型

临颍县政府围绕食品加工、机械制造等重点产业，确立了"根植闽东南、深耕珠三角、决战长三角"招商战略，将注意力集中到央企、上市公司、国内外500强、行业龙头、有核心技术的知名品牌等五类企业，相继引进了贵州老干妈、上海上好佳等中国驰名商标企业。同时，临颍县政府健全了评估机制，将高污染、高能耗企业拒之门外。

2. 扶持传统项目，带动相关产业转型发展

临颍县政府大力实施工业转型升级和技改扩建工程，重

点扶持食品加工做强做优，努力为企业争取省级技改资金。同时以实用型培训为主，采取"请进来"与"走出去"等方式对企业家进行培训，组织企业家到国内外知名院校学习，并邀请了北京大学、清华大学等专家举办企业家培训讲座。

（二）注重机制创新，激发转型升级动力

县政府实施创新型科技人才队伍建设工程，重点引进、培养了一批高层次科技创新人才，扩大了人才队伍规模，优化了人才队伍结构。实施"零土地"和"孵化器"招商，加强与知名高校院所的产学研合作，吸引大专院校、科研院所专业技术人员的一些试验项目、科研课题、实验室等高新项目进入"孵化器"。

县政府创新了招商机制。在国家连续下发62号文、25号文后，及时研究修订招商政策，适时调整加大对企业技术创新、税收贡献、扩大规模的奖励，保持了政策的连贯性、针对性和时效性，促进项目快签约、早落地。政府带领企业"走出去"招商，帮助企业与协会对接，组织南街村、中大、联泰、巧巧等企业加入中食协等国家级协会，围绕"中国休闲食品产业基地"，组织多家企业参加上海烘焙展、成都糖酒会等活动，推动企业直接与行业龙头企业对接。

（三）优化服务配套，积极打造优质营商环境

首先，临颍县政府把各部门涉及的审批事项全部集中到县人民办事中心，实行一站式许可、一条龙服务。对各类审批事项编制办理流程图和文书综合样本，要求"一核一审"

两步办结。

其次，临颍县政府深化行政审批"瘦身"行动，按照"凡进必进、真进实进、凡优必优"的标准，将行政审批项目由 341 项清理至 267 项，承诺件总法定办理时限由 7331 天压缩至 2156 天，提速 71%。

再次，县政府开展"项目周边环境治理"，严厉打击干扰企业生产、建设和经营中的违法行为，针对影响开放招商、项目建设的"违法建设、违法用地、违法租售国有资产"问题，由"三违"治理指挥部牵头，县、乡、村三级联动，拆除违法建筑 50 多万平方米。强力推进企业周边环境治理，对强装强卸、敲诈阻工等行为保持高压态势，先后查办涉企案件 13 起，为企业挽回损失 3000 多万元。不断深化"平安临颍建设"，重扎实开展"平安乡镇、平安村居"双创活动和"平安校园""平安单位"等一系列创建活动，营造和谐稳定的发展环境，全力打造"临颍环境"新品牌。

最后，政府牵头为企业提供政策性资金支持，在土地价格、土地使用税方面给予优惠政策。对企业进行贷款补贴，为企业按期还贷、续贷转贷提供临时性周转资金，着力释放续贷过桥资金效应，支持企业发展。

三　临颍近年产业承接及其发展具体情况

2014 年，临颍成功签约工业、农业、城建、社会事业等各类超亿元项目 68 个，计划总投资 306.9 亿元；实际利用外资 13577 万美元，同比增长 47.3%；实现对外贸易 20812 万美元，其中出口 20243 万美元，同比增长 157%；实施各类重点项目 179 个，完成投资 171.2 亿元。在开放招商强劲带动下，新增规模以上企业 33 家，占漯河市新增总量的一半，财政总收入完成 12.5 亿元，同比增长 32.7%。

2015 年，临颍县按照"根植闽东南、深耕珠三角、决战长三角"的招商战略。截至 2015 年 10 月，成功签约富士康建泰科技、上好佳食品、亚盛医药、喔喔食品等超亿元项目 42 个，其中 30 亿元以上的 4 个，10 亿元以上的 3 个，计划总投资 295.25 亿元，先后三次集中开工项目 41 个，计划总投资 120.15 亿元。

四　产业转移和发展过程中遇到的困难和问题

第一，在资金方面，个别企业落地后，投资方自有资金不足，或融资出现困难，导致项目不能落地或进度缓慢。同时个别企业项目开工后，由于资金链出现问题，中途撤资或缓建。

第二，在市场方面，受国家宏观经济形势下行压力的影响，企业投资意愿下降，招商引资难度加大，部分已签约项目投资放缓，无意再增加产能。部分已签约项目受国际、国内市场萎缩的影响，未履约或停工。

第三，土地方面，一方面，个别项目征地拆迁工作量大，需要协调的问题较复杂，征地拆迁存在一定难度；另一方面，受南水北调等国家、省重大工程和城市规划影响，导致土地无法落实。

第四，其他方面，部分产业园区相关配套管网不到位，工业用水、用电不足，无法满足项目需求。好项目、大项目落地门槛日益提高，一般要求零地价、融资配套、商业地产开发，项目落地成本越来越高。各地市的招商意识都比较强，都在用更加优惠的政策、更加优质的服务环境抢商、争商，竞争日趋激烈。

五　临颍未来产业转移的发展方向

（一）提高承接精准度

承接产业转移，核心是通过引入产业、资本、技术、人才、管理等综合要素，促进产业功能和链条升级，加快向价值链中高端攀升。临颍产业发展已经具备良好的基础，不能走东部地区简单复制的承接老路，必须拉高起点，拉升标杆，瞄准重点行业、重点地区，科学谋划，精准发力，在"根植闽东南、深耕珠三角、决战长三角"的基础上，适时启动"开拓环渤海"招商活动，持续推进落地招商。推动承接目标由以增量扩能为主向提质增效转变，承接重心由低端嵌入为主向全链条融入转变。

1. 临颍需对自身准确定位

就临颍而言，总的目标是成为休闲食品大县，做大做强高成长性产业现代家居业，对传统支柱产业装备制造业进行脱胎换骨的改造，加快推动产业产品结构升级。当前，要结合国家"一带一路"倡议和长江经济带、京津冀协同发展等重大战略，进一步调整完善承接产业转移规划引导体系，使之与国家战略更加紧密地衔接起来，也要根据全省规划，结合本地比较优势，制定承接产业转移中长期规划和年度行动计划，进一步明确目标定位，细分承接重点，绘制产业链招商图谱，制定承接转移路线图。

2. 临颍需把好选商关

承接转移产业的选择，要突出高成长性、高集聚度、高竞争力、高关联性，有利于资源高效利用，有利于加快创新驱动，有利于提升参与国际产业分工能力，有利于新常态下增强持续增长的动力。承接转移企业和项目的选择，要突出高带动性、高整合力、高附加值和综合效益，重点瞄准具备较强综合实力和行业整合能力的龙头企业，具备关键核心技术原创研发和人才优势的创新型企业，加快引入新产品、新技术、新业态、新模式的开发应用，推动产业链向两端延伸。对于转移之后产能得不到提升、技术得不到优化、节能降耗水平得不到提高、效益和市场竞争力得不到增强，特别是能耗过大、资源消耗过多的产业和项目，要一律拒绝承接。不能只顾要项目招企业而迁就投资者对土地的过分要求，导致土地面积与投资强度、产出能力、市场状况不配套、不相称，更不能完全靠零地价招商。同时要准确判断企业真实目标，坚决避免圈地现象。

3. 临颍需对产业精准对接

产业转移是双方行为。必须准确掌握转出方转移动向、规划战略、必备要素等，深入研究转出转入双方需求的结合点，完善和创造条件，实现精准对接。从目前的形势看，企业转移最关心的问题，一是本地配套能力，二是物流畅通程度及实力，三是人力成本。临颍在物流和人力方面具有较大优势，当前要重点围绕招大引强提高配套能力。

（二）提高承接命中率

随着国际国内产业转移形势的变化，单个项目招商、乡土和亲情资源招商等传统方式式微。加快方式方法创新，才能使企业招得来、留得下、扎下根、成气候。

首先，需用专业化的队伍、专业化的服务、专业化的运作模式，专人专注专心，专向收集信息、专题研究评估、专业对接谈判、专人跟踪落实。河南省承接长三角、珠三角、京津产业转移占全省承接总金额的60%。要组织专门力量，搭建专业化产业转移信息平台，及时收集发布专项信息。加强与转出地政府之间、行业之间、园区和企业之间的交流，及时捕捉信息、掌握动态、密切跟踪、定向跟进。

其次，探索与相关国家行业协会、高校及科研院所建立的战略合作关系，针对每个重点产业分别成立专家委员会或研究咨询机构，借智借力，加强相关产业合理化与高度化专题研究，深入剖析转出转入地区市场进入、品牌扩张、资金输出、管理输出、技术转移、资源开发、配套协作、异地生产、易货贸易、兴办市场等不同诉求，同时加强对重点产业、企业、项目的市场发展趋势、风险预警和应对机制的研判，准确预测市场变化、产业变化、技术发展趋势，为临颍承接转移提供战略策略及方式方法的咨询和服务。

再次，要加强对一线承接产业转移工作人员的培训，在产业承接、宣传推介、沟通谈判等方面进行全方位辅导，形成专业化承接队伍，提高专业化承接水平。

最后，要专人跟踪落实。要学习原阳川渝金祥家居产业园运作模式，充分发挥行业协会、商会的联络渠道作用，引入市场化招商和运营机制，借助中介机构的行业影响力、专业判断力、资源整合力、市场运营和推广力，依托商协会开展集群引进、行业研究和咨询服务等，推动政府与商协会共同打造专业园区、培育特色集群。

产业转移涉及多方利益博弈，必须从企业能发展、产业可升级、合作促共赢的角度，探索更为有效的招商方式和路径。沿海地区中心城市一些企业受规划调整和要素制约等因素不得不向外围迁移，但又担心搬迁后与中心城市脱节，往往踯躅不前；有的企业只把生产环节外移，将总部和营销中心留在中心城市，使转入地政府税收大打折扣，还要匹配巨大的资源要素，降低了承接积极性；转出地急于腾笼换鸟，但又担心产业过度转移导致空心化，欲转还留。在这种情况下，寻找各方利益交汇点尤其重要，上海、广东等地近年来纷纷与沿江、沿海、沿路地区甚至中西部地区合作，发展

"飞地经济"，异地共建工业园，通过税收分成、收益分成形成转移双方双赢、多赢的格局，我们要作为一个重点来研究。要重点瞄准上海、福建、广东等地区，探索建立区域间利益共享的产业分工协作机制，大力推进园区共建承接模式，促进资源共享和区域联动。

（三）要把提高企业创新能力作为承接转移的核心目标

1. 加大技术引进力度

争取使国内外一流大学、科研院所和世界 500 强研发中心在临颍设立分支机构和科技成果转化基地，推动企业参与大型国际科技合作计划，持续提升引进消化吸收创新能力。支持企业与国内外同行、知名院校深度合作，引进或共建一批创新平台，参与规则和技术标准制定，主动融入全省全国乃至全球创新网络。

2. 大力推进产学研合作

推动产业集聚区引进知名科研院所、高校创新资源，加强关键核心技术研发，掌握核心竞争力。完善成果转化协同推进机制，鼓励企业和社会资本参与，建立科技成果信息发布和共享平台，健全技术转移和产业化服务体系，促进科技成果在企业示范推广。完善科技成果转化分配机制、科技创新容错机制、国有企业考核机制、自主知识产权保护机制等，调动方方面面投入创新的积极性。

3. 加快人才引进培育

大力引进和培养高层次创新创业人才和创新创业团队，

完善从研发、转化、生产到管理的多层次人才体系。要探索高效灵活的人才引进、培养、使用、评价、激励和保障政策，鼓励技术入股、专利入股，支持知识、技术、管理、技能等要素参与分配，通过股权和期权激励、创造收益按比例返还等方式吸引人才集聚。

（四）全面融入国家"一带一路"，深化国际合作

承接产业转移，需要充分利用临颍的市场优势、交通优势、基础优势及邻近郑州航空港经济综合实验区的开放优势，吸引跨国公司来临颍设立物流中心、研发中心，积极承接国际资本密集型和资本技术双密集型产业转移。推动机械制造等传统支柱产业引进战略投资者，积极承接延长链条、提升水平的项目、技术、设备，向产业链高端方向发展。

县级政府需要完善企业海外并购、股权投资、技术合作等政策，加强法律运作、咨询等服务，支持优势企业实施海外并购，通过海外并购获取境外的先进技术、研发能力、品牌和国际销售渠道，提升在全球分工中的地位，向国际产业链和价值链高端攀升。

（五）提升招商服务质量

首先，持续完善招商网络。一方面，进一步密切与中食协、中饮协等国家级协会的关系，推进"国家级协会负责人访临颍"活动；另一方面，与各地专业协会、河南商会、福建商会等与临颍产业具有渊源的协会加强对接，构筑强大的招商网络。

其次，继续加强以商招商。积极带领企业"走出去"，组团参加糖酒会、烘焙展等各种展会，强化"中国休闲食品产业基地"的宣传推介，对接知名龙头企业。同时，鼓励和支持本土企业与行业龙头企业实施战略重组，提升企业竞争力。

第五章　中西部地区承接产业转移政策的比较分析

　　产业转移政策是一个国家的中央或地方政府为了推动增长极扩散效应和区域协调发展目标的实现而直接或间接干预产业转移活动的各种政策的总和。至于中西部地区承接产业转移的政策，从层次上来看可以分为中央政府层面推动各方面资源向中西部转移的政策和中西部地方政府为积极承接产业转移采取的政策两方面，从内容上看不仅包括直接促进产业转移的产业转移目录、税收优惠等政策，而且包含针对性提升中西部地区教育、环保等经济社会实力的各项政策措施。本章重点梳理我国针对中西部承接产业转移的各项政策和中西部代表省份促进承接产业转移的相关政策，并进一步分析当前我国中西部地区承接产业转移政策的不足及改善方向。

第一节　我国促进中西部地区承接产业转移的政策概述及内容

一　我国促进中西部地区承接产业转移政策概述

在不考虑 20 世纪 60 年代"三线建设"等特殊时期相关政策的情况下，我国促进中西部地区承接产业转移的政策起始于 2000 年"十五"计划明确提出"西部大开发"战略，2004 年我国又进一步提出了"促进中部崛起战略"，伴随着我国产业转移的范围不断扩大，产业转移的力度不断提升，我国于 2010 年出台了中西部地区承接产业转移的核心文件《国务院关于中西部地区承接产业转移的指导意见》。经过十余年的发展，我国国家、部委层面出台的涉及中西部地区承接产业转移的文件已经超过 100 件（主要文件如表 5-1 所示），全方位支撑了产业转移的实施。

表 5-1　我国促进中西部地区承接产业转移的主要文件

发布年份	文件名称	发布文号
2003	《国务院关于进一步加强农村教育工作的决定》	国发〔2003〕19 号
2004	《国务院关于进一步推进西部大开发的若干意见》	国发〔2004〕6 号
	《国务院办公厅关于转发教育部等部门〈国家西部地区"两基"攻坚计划(2004~2007 年)〉的通知》	国办发〔2004〕20 号
2005	《国务院办公厅转发商务部等部门关于促进国家级经济技术开发区进一步提高发展水平若干意见的通知》	国办发〔2005〕15 号
	《商务部办公厅关于扩大开放、提高吸收外资水平、促进中部崛起的指导意见》	商资字〔2005〕130 号

续表

发布年份	文件名称	发布文号
2006	《国务院办公厅关于落实中共中央国务院关于促进中部地区崛起若干意见有关政策措施的通知》	国办函〔2006〕38 号
	《关于加快纺织行业结构调整促进产业升级若干意见的通知》	发改运行〔2006〕762 号
2007	《国务院关于加快发展服务业的若干意见》	国发〔2007〕7 号
	《国务院关于编制全国主体功能区规划的意见》	国发〔2007〕21 号
	《国务院办公厅关于中部六省比照实施振兴东北地区等老工业基地和西部大开发有关政策范围的通知》	国办函〔2007〕2 号
	《国家发展改革委关于严格禁止落后生产能力转移流动的通知》	发改产业〔2007〕2792 号
	《国家发展改革委关于印发促进产业集群发展的若干意见的通知》	发改企业〔2007〕2897 号
	《国家发展改革委关于做好中小企业节能减排工作的通知》	发改企业〔2007〕3251 号
2008	《国务院关于做好促进就业工作的通知》	国发〔2008〕5 号
	《国务院办公厅关于加快发展服务业若干政策措施的实施意见》	国办发〔2008〕11 号
	《大型、精密、高速数控设备关键零部件退税商品清单》	公告 2008 年第 29 号
	《大功率风力发电机组进口关键零部件、原材料退税商品清单》	公告 2008 年第 30 号
	《商务部关于加快我国流通领域现代物流发展的指导意见》	商改发〔2008〕53 号
	《国务院办公厅关于当前金融促进经济发展的若干意见》	国办发〔2008〕126 号
2009	《国务院关于印发物流业调整和振兴规划的通知》	国发〔2009〕8 号
	《国务院关于进一步促进中小企业发展的若干意见》	国发〔2009〕36 号
	《国务院办公厅关于应对国际金融危机保持西部地区经济平稳较快发展的意见》	国办发〔2009〕55 号
	《国家发展改革委关于加快国家高技术产业基地发展的指导意见》	发改高技〔2009〕3211 号

发布年份	文件名称	发布文号
2010	《国务院关于进一步加强淘汰落后产能工作的通知》	国发〔2010〕7 号
	《国务院关于进一步做好利用外资工作的若干意见》	国发〔2010〕9 号
	《国务院办公厅关于鼓励和引导民间投资健康发展重点工作分工的通知》	国办函〔2010〕120 号
	《国务院关于中西部地区承接产业转移的指导意见》	国发〔2010〕28 号
	《国家发展改革委办公厅关于开展农村电网改造升级工程规划有关要求的通知》	发改办能源〔2010〕2177 号
2011	《关于认真做好中西部地区承接产业转移中工商登记衔接工作的意见》	工商企字〔2011〕170 号
	《国务院关于印发国家环境保护"十二五"规划的通知》	国发〔2011〕42 号
	《国务院关于印发工业转型升级规划（2011～2015年）的通知》	国发〔2011〕47 号
2012	《国务院关于批转促进就业规划（2011～2015年）的通知》	国发〔2012〕6 号
	《关于加快转变外贸发展方式的指导意见》	商贸发〔2012〕48 号
	《国务院关于进一步支持小型微型企业健康发展的意见》	国发〔2012〕14 号
	《国务院办公厅关于印发国家环境保护"十二五"规划重点工作部门分工方案的通知》	国办函〔2012〕147 号
	《国务院关于印发国家基本公共服务体系"十二五"规划的通知》	国发〔2012〕29 号
	《国务院关于印发节能减排"十二五"规划的通知》	国发〔2012〕40 号
	《国务院关于印发卫生事业发展"十二五"规划的通知》	国发〔2012〕57 号
	《国务院关于大力实施促进中部地区崛起战略的若干意见》	国发〔2012〕43 号
	《国务院办公厅关于促进外贸稳定增长的若干意见》	国办发〔2012〕49 号
	《国务院关于印发服务业发展"十二五"规划的通知》	国发〔2012〕62 号

续表

发布年份	文件名称	发布文号
2013	《商务部关于 2013 年全国吸收外商投资工作的指导意见》	商资发〔2013〕82 号
	《商务部关于促进电子商务应用的实施意见》	商电函〔2013〕911 号
	《国家发展改革委贯彻落实主体功能区战略推进主体功能区建设若干政策的意见》	发改规划〔2013〕1154 号
	《国务院关于印发循环经济发展战略及近期行动计划的通知》	国发〔2013〕5 号
	《国务院关于化解产能严重过剩矛盾的指导意见》	国发〔2013〕41 号
2014	《国务院办公厅关于金融服务"三农"发展的若干意见》	国办发〔2014〕17 号
	《国务院关于加快发展现代职业教育的决定》	国发〔2014〕19 号
	《国务院办公厅关于支持外贸稳定增长的若干意见》	国办发〔2014〕19 号
	《国务院办公厅关于改善农村人居环境的指导意见》	国办发〔2014〕25 号
	《国务院关于进一步做好为农民工服务工作的意见》	国发〔2014〕40 号
	《西部地区鼓励类产业目录》	国家发展和改革委员会令第 15 号
	《国务院办公厅关于促进国家级经济技术开发区转型升级创新发展的若干意见》	国办发〔2014〕54 号
	《国务院办公厅关于加强环境监管执法的通知》	国办发〔2014〕56 号
	《国务院关于创新重点领域投融资机制鼓励社会投资的指导意见》	国发〔2014〕60 号
	《国务院关于印发物流业发展中长期规划（2014～2020 年）的通知》	国发〔2014〕42 号
	《国务院关于清理规范税收等优惠政策的通知》	国发〔2014〕62 号
2015	《国家发展改革委关于当前更好发挥交通运输支撑引领经济社会发展作用的意见》	发改基础〔2015〕969 号
	《关于进一步鼓励和扩大社会资本投资建设铁路的实施意见》	发改基础〔2015〕1610 号
	《国务院办公厅关于支持农民工等人员返乡创业的意见》	国办发〔2015〕47 号
	《国务院办公厅关于印发加快海关特殊监管区域整合优化方案的通知》	国办发〔2015〕66 号
	《国务院关于加快发展服务贸易的若干意见》	国发〔2015〕8 号

发布年份	文件名称	发布文号
2015	《国务院关于加快培育外贸竞争新优势的若干意见》	国发〔2015〕9号
	《国务院关于改进口岸工作支持外贸发展的若干意见》	国发〔2015〕16号
	《国务院关于进一步做好新形势下就业创业工作的意见》	国发〔2015〕23号
	《国务院关于大力发展电子商务加快培育经济新动力的意见》	国发〔2015〕24号
	《国务院关于税收等优惠政策相关事项的通知》	国发〔2015〕25号
	《国务院批转发展改革委关于2015年深化经济体制改革重点工作意见的通知》	国发〔2015〕26号
	《国务院关于积极发挥新消费引领作用加快培育形成新供给新动力的指导意见》	国发〔2015〕66号
	《国务院关于印发〈中国制造2025〉的通知》	国发〔2015〕28号

二 我国促进中西部地区承接产业转移政策的主要内容

（一）转移产业指导政策

为引导产业有序转移，结合中西部地区产业基础、资源禀赋等条件，我国划定了各地区积极承接发展的特色优势产业，目前的主要政策依据是《产业转移指导目录（2012年本）》。国家引导各地政府在制定发展规划、承接产业转移、推进园区建设等工作中围绕划定的方向积极承接发展特色优势产业，推动产业集聚。国家有关部门和机构在制定财税、投资、规划、环保、信贷等政策时可以依据规定的重点地区和重点产业，在政策上予以重点支持。

总体来说，我国重点推动的中西部承接转移产业包括：纺织、服装等劳动密集型产业，能源矿产开发和加工业，农产品加工业，装备制造业，现代服务业，高技术产业等多个方面。具体来说，根据《产业转移指导目录（2012年本）》，我国中西部各地区产业转移指导产业情况如表5-2所示。

表5-2 中西部地区产业转移指导目录

地区	省份	指导产业门类
中部地区	山西省	①化工，②机械，③汽车，④轨道交通，⑤食品，⑥医药，⑦电子信息，⑧钢铁，⑨有色金属，⑩轻工，⑪建材，⑫纺织
	安徽省	①汽车，②机械，③钢铁，④有色金属，⑤化工，⑥建材，⑦轻工，⑧食品，⑨纺织，⑩电子信息，⑪医药
	江西省	①有色金属，②化工，③钢铁，④食品，⑤医药，⑥汽车，⑦航空航天，⑧纺织，⑨建材，⑩电子信息，⑪机械，⑫轻工
	河南省	①汽车，②电子信息，③机械，④轨道交通，⑤食品，⑥轻工，⑦建材，⑧化工，⑨有色金属，⑩钢铁，⑪纺织，⑫医药
	湖北省	①汽车，②钢铁，③化工，④电子信息，⑤机械，⑥航空航天，⑦轨道交通，⑧船舶及海洋工程装备，⑨食品，⑩纺织，⑪建材，⑫医药，⑬轻工
	湖南省	①机械，②汽车，③航空航天，④轨道交通，⑤化工，⑥钢铁，⑦有色金属，⑧电子信息，⑨建材，⑩食品，⑪纺织，⑫轻工，⑬医药
西部地区	内蒙古自治区	①钢铁，②有色金属，③化工，④建材，⑤机械，⑥汽车，⑦轨道交通，⑧航空航天，⑨电子信息，⑩医药，⑪轻工，⑫食品，⑬纺织
	广西壮族自治区	①食品，②化工，③汽车，④有色金属，⑤钢铁，⑥机械，⑦建材，⑧轻工，⑨电子信息，⑩医药，⑪纺织，⑫船舶及海洋工程装备
	重庆市	①电子信息，②汽车，③机械，④航空航天，⑤轨道交通，⑥有色金属，⑦化工，⑧医药，⑨食品，⑩轻工，⑪纺织，⑫钢铁

续表

地区	省份	指导产业门类
西部地区	四川省	①电子信息,②机械,③航空航天,④轨道交通,⑤医药,⑥汽车,⑦化工,⑧建材,⑨钢铁,⑩食品,⑪纺织,⑫轻工
	贵州省	①机械,②汽车,③航空航天,④轨道交通,⑤化工,⑥有色金属,⑦钢铁,⑧建材,⑨食品,⑩轻工,⑪纺织,⑫医药,⑬电子信息
	云南省	①医药,②食品,③轻工,④钢铁,⑤有色金属,⑥化工,⑦建材,⑧汽车,⑨机械,⑩电子信息,⑪轨道交通
	西藏自治区	①有色金属,②化工,③食品,④医药,⑤轻工,⑥建材,⑦电子信息
	陕西省	①化工,②机械,③汽车,④轨道交通,⑤航空航天,⑥有色金属,⑦食品,⑧轻工,⑨建材,⑩纺织,⑪电子信息,⑫钢铁,⑬医药
	甘肃省	①化工,②有色金属,③钢铁,④机械,⑤电子信息,⑥食品,⑦医药,⑧轻工,⑨纺织,⑩建材,⑪航空航天,⑫汽车,⑬轨道交通
	青海省	①化工,②有色金属,③机械,④汽车,⑤钢铁,⑥建材,⑦医药,⑧轻工,⑨纺织,⑩食品
	宁夏回族自治区	①机械,②化工,③有色金属,④建材,⑤轻工,⑥纺织,⑦食品,⑧电子信息
	新疆维吾尔自治区	①化工,②机械,③汽车,④轻工,⑤食品,⑥纺织,⑦建材,⑧钢铁,⑨有色金属,⑩医药,⑪电子信息

除了《产业转移指导目录（2012年本)》外，我国还制定了《中西部地区外商投资优势产业目录》，对中西部各省份划定了外商投资的优势产业，对于外商投资这些产业同样予以相应的优惠政策支持。在划定产业转移指导目录的同时，我国还注重促进承接产业集中布局，引导各地转移产业向园区集中。把产业园区作为承接产业转移的重要载体和平台，加强园区交通、通信、供水、供气、供电、防灾减灾等配套

基础设施建设，增强园区综合配套能力。对中西部地区国家级经济技术开发区基础设施建设项目的贷款贴息政策，适当增加贷款贴息规模，中西部外贸发展专项基金，政府间、国际组织的援助资金，可用于支持中西部国家级经济技术开发区发展。鼓励国家级经济技术开发区按照国家区域和产业发展战略共建跨区域合作园区或合作联盟，建立国家级经济技术开发区产业发展信息平台。

（二）财政税收金融政策[①]

（1）在财政支持政策方面。中央资金投入向中西部地区倾斜，通过一般性转移支付和专项转移支付，重点支持中西部地区改善民生和促进基本公共服务均等化，优化产业承接环境。中央扩大内需新增投资向中西部地区倾斜，重点投向民生工程、基础设施、生态环境等领域。充分发挥中央和地方两个积极性，通过政府投入带动银行贷款和社会投资，引导民间资本投向符合国家产业政策的项目。对中西部地区符合条件的国家级经济技术开发区和高新技术开发区公共基础设施项目贷款实施财政贴息。

（2）在税收优惠政策方面。对设在中西部地区国家鼓励类产业的内资企业和外商投资企业，按15%的税率征收企业所得税。经省级人民政府批准，民族自治地方的内资企业可以定期减征或免征企业所得税，外商投资企业可以减征或免征地方所得税。对在中西部地区兴办交通、电力、水利、邮

---

① 《国务院关于中西部地区承接产业转移的指导意见》（国发〔2010〕28 号）。

政、广播电视企业，且上述业务收入占企业总收入 70% 以上的，可以享受企业所得税"两免三减半"的优惠政策，对为保护生态环境，退耕还林、草产出的农业特产收入，自取得收入年份起 10 年内免征农业特产税；对公路国道、省道建设用地，比照铁路、民航建设用地免征耕地占用税；对中西部地区内资鼓励类产业、外商投资鼓励类产业及优势产业的项目在投资总额内进口的自用设备，免征关税和进口环节增值税。

（3）在金融政策方面。鼓励和引导金融机构对符合条件的产业转移项目提供信贷支持；鼓励金融机构在风险可控的前提下为东部地区企业并购、重组中西部地区企业提供支持；支持中西部地区金融机构参与全国统一的同业拆借市场、票据市场、债券市场、外汇市场和黄金市场的投融资活动；鼓励和引导外资银行到中西部地区设立机构和开办业务；有序推进村镇银行、贷款公司等金融机构试点工作；支持符合条件的企业发行企业债券、中期票据、短期融资券、企业集合债券和上市融资。

（4）在吸收外资方面。鼓励外国投资者以并购、参股等多种方式参与国有企业改组改造，促进体制和机制创新。支持符合条件的外商投资股份制公司在国内外资本市场上市。鼓励外资参与中西部地区不良资产的重组与处置，允许外商投资企业依法购买金融资产管理公司的不良债权和股权，并对其拥有的资产进行重组与处置。国家在上述外商投资重点行业和企业重大项目布局安排上向中西部地区倾斜，重大关键技术和设备引进给予政策性信贷支持，重大项目经批准可适当降低资本金比例。鼓励东部沿海外商投资企业投资中部地区，推动东部和中部以及中部省与省之间建立协调合作机制，创造条件促进东部和中部地区之间加强投资和贸易合作。

（5）在规范各类优惠政策方面。为避免地区保护和恶性竞争，国家坚持税收法定，除依据专门税收法律法规规定的税政管理权限外，各地区一律不得自行制定税收优惠政策，未经国务院批准，各部门起草其他法律、法规、规章、发展规划和区域政策都不得规定具体税收优惠政策。规范非税等收入管理，严格执行现有行政事业性收费、政府性基金、社会保险管理制度；严禁对企业违规减免或缓征行政事业性收费和政府性基金，以优惠价格或零地价出让土地；严禁低价转让国有资产、国有企业股权以及矿产等国有资源；严禁违反法律法规和国务院规定减免或缓征企业应当承担的社会保险缴费，未经国务院批准不得允许企业低于统一规定费率缴费。严格财政支出管理，未经国务院批准，各地区、各部门不得对企业规定财政优惠政策，对违法违规制定与企业及其投资者（或管理者）缴纳税收或非税收入挂钩的财政支出优惠政策，包括先征后返、列收列支、财政奖励或补贴，以代缴或给予补贴等形式减免土地出让收入等，坚决予以取消。其他优惠政策，如代企业承担社会保险缴费等经营成本、给予电价水价优惠、通过财政奖励或补贴等形式吸引其他地区企业落户本地或在本地缴纳税费、对部分区域实施的地方级财政收入全留或增量返还等，要逐步加以规范。

（三）体制机制保障政策

（1）在完善政府服务方面。引导各地围绕中西部地区承接产业转移的形势需要，加快政府职能转变，进一步提升行政效能，把政府经济管理职能转变到主要为市场主体服务和创造良好发展环境上来。推动相关行政许可跨区域互认，做好转移企业工商登记协调衔接。加强中西部地区公务员队伍建设，依法规范行政和执法行为，强化服务意识，提高行政效率。积极加强各地政府发改、国资、工信、商务、工商等部门的协调配合，建立沟通协调机制，形成促进中西部地区承接产业转移工作的部门合力，简化办事程序，提高服务效率，切实营造良好的承接产业转移环境，推动承接产业转移工作有序开展。

（2）在改善市场环境方面。规范市场秩序，打击假冒伪劣等经济欺诈行为，依法保护知识产权。规范政府行为，防止越位和错位，不得采取下硬性指标等形式招商引资，避免盲目投资和恶性竞争。促进投资贸易便利化。推进依法行政，完善法制环境，保障投资者权益。加强进出口协调和服务，加大中央外贸发展基金对中西部政策支持力度，开拓国际市场，支持一类口岸建设，建好出口加工区，引导加工贸易向中部地区转移。

（3）在强化公共服务方面。加强政策引导和组织协调，为中西部地区企业与跨国公司、东部企业对接搭建平台，更好地承接东部地区和国际产业的转移。发展跨区域产业技术创新战略联盟，建立完善公共信息、公共试验、公共检测、技术创新等服务平台，规范发展技术评估、检测认证、产权交易、成果转化等中介机构。鼓励东中部地区设立各类区域合作专项资金，促进各类生产要素合理流动。推动东西部地区共建长期稳定的能源及矿产资源开发基地。建立和完善各类跨行政区的区域经济协作组织和行业性组织。加快社会诚信体系建设，建立区域间信用信息共享机制。

（4）在加强区域合作方面。推动建立省际产业转移统筹协调机制、重大承接项目促进服务机制等，引导和鼓励东部沿海地区产业向中西部地区有序转移。充分发挥行业协会、商会的桥梁和纽带作用，搭建产业转移促进平台，提升各类大型投资贸易会展活动的质量和水平。在中西部条件较好的地方设立承接产业转移示范区，充分发挥其典型示范和辐射带动作用，做好产业转移与对口支援、对口帮扶工作的衔接。

（5）在完善自主创新方面。深化科技体制改革，大力提升区域创新能力和科技服务能力。完善激励企业自主创新机制，引导企业加大研发投入，推动企业成为创新主体，推进建立产业技术创新联盟。加强政策引导，提高中小企业创新能力。加强科技基础条件平台建设，促进科技资源开放共享，增强科研院所和高等院校创新活力，发挥科技领军人才作用，加快科技成果转化。加大对重大科技专项的支持，加强国家重点实验室、工程（技术）研究中心和工程实验室建设。实施创新人才推进计划，支持源头创新，加强创新型人才示范基地和海外高层次人才创新创业基地建设。集聚创新要素，优化创新环境，落实自主创新优惠政策。

（6）在土地政策方面。在坚持节约集约用地的前提下，进一步加大对中西部地区新增建设用地年度计划指标的支持力度，优先安排产业园区建设用地指标。严格执行工业用地最低出让价标准，进一步完善体现国家产业政策导向的最低价标准实施政策，探索工业用地弹性出让和年租制度。

（四）基础设施完善政策

（1）在交通运输基础设施方面。我国针对中西部地区实施了综合交通运输体系规划，发挥政府资金引导作用，加强区域间交通干线和区域内基础交通网建设，加快发展多式联运，优先解决中西部地区与沿海地区以及中西部地区内部的连通问题，着力构建连接东西、纵贯南北的综合交通运输体系。

促进物流基础设施资源整合和有效利用，完善现代物流体系，进一步降低物流成本。加快铁路客运专线和开发性新线建设，完善铁路枢纽工程，对社会资本控股的中西部干线铁路项目中央预算内投资可以视情况通过贷款贴息、投资补助等方式给予支持。加强公路建设，基本实现具备条件的乡镇、建制村通油（水泥）路；加快高速公路建设及扩容改造，加大省际公路干线建设和国省道升级改造力度；加强内河港口设施建设，改善内河通航条件，发展集装箱、大宗散货运输。扩建省会城市枢纽机场，增加中小型机场。

（2）在水利建设方面。推进重点流域综合治理、水资源科学调配、水源涵养地保护。建设大中小型水利工程，有效防治水污染，促进污水资源化，加强地下水资源勘查和监测。大力推进实施重点水利工程，支持病险水库除险加固和防洪工程建设，加大大型灌区续建配套与节水改造力度，扶持建设多处水利枢纽工程。推行节水技术和节水措施，加强各类节水设施建设。

（3）在能源基础设施方面。支持西气东输二线、骨架电网、农村电网改造等重点基础设施项目建设。大力开发水电，合理配置火电，建立合理的西电东送电价机制，对水电的实际税赋进行合理调整，支持西部地区水电发展。推行中西部农村电网完善工程中国家资本金和还贷资金等有关政策，为增加建设规模，加快解决农村电力发展面临的突出问题，项目法人可自筹资金作为项目资本金，开展农村电网改造升级，并享受相同的还贷政策。

（4）在其他基础设施方面。扶持建立电信普遍服务基金和邮政普遍服务补偿机制，支持中西部地区普及电信和邮政服务，实施"西新"等工程建设，支持主要城市交通、供电、通信、给排水、环保、消防等基础设施建设。此外，国家在给予适当资金补助的基础上，积极动员社会力量参与节水灌溉、人畜饮水、农村道路、农村沼气、农村水电、草场围栏等公共工程建设。

（五）教育水平提升政策

（1）在改善办学条件方面。国家支持中西部困难地区中小学校舍改造，中央和省级人民政府共同实施"农村寄宿制学校建设工程"，对中西部地区改善现有农村中小学校办学条件，保障基本的教学和生活需要表现突出的地区给予奖励，对于初中学校的改扩建确有困难的地区，中央予以补助。中央扶持改善普通高中和职业学校办学条件，重点支持中西部贫困地区建设一批乡村幼儿园。继续在资金投入和政策措施上给予倾斜，支持西部地区高等教育发展。

（2）在扶持家庭困难学生就学方面。中央设立中小学助学金重点扶持中西部农村地区家庭经济困难学生就学。中央财政逐年扩大向义务教育阶段家庭经济困难学生免费提供教科书的范围，落实对捐资助学单位和个人的税收优惠政策。

（3）在加强教师队伍建设方面。鼓励大中专毕业生到中西部地区任教，实施"教育对口支援"和"西部大学生志愿者计划"，加大对农村中小学教师的培训，在"教师网络教育联盟"中设立专门针对西部农村中小学教师的远程培训项目。

（4）在职业技能培训方面。加快职业教育基础能力建设步伐，完善职业教育培训网络，重点支持中西部地区的中等职业学校建设，重点建设一批高水平职业院校，推进公共实训基地建设。扶持就读中等职业学校逐步免学费政策和职业培训补贴政策。支持职业院校面向产业转移的需要，新增和调整相关专业，定向培养中高级技工和熟练工人。落实农民工培训补贴政策，切实做好农民工培训工作。国家制定奖补政策，支持东部地区职业院校扩大面向中西部地区的招生规模，深化专业建设、课程开发、资源共享、学校管理等合作。

（六）人力资源保障政策

（1）在人才保障方面。支持扩大中西部地区与东部发达地区人才交流的规模，吸引各类人才到中西部地区创业。创新中西部地区高层次人才引进、使用、激励和服务保障机制，积极为高层次人才搭建创新创业平台。在国家级专家选拔、博士后工作、留学人员回国创业等方面，向中西部地区的特色和优势产业倾斜。高校毕业生到中西部地区就业、履行一定服务期限的，按规定给予学费补偿和国家助学贷款代偿。积极培养一批农村实用人才、专业人才和高层次人才等中西部急需的各类人才。引导中西部地区完善人才开发政策措施，建立健全吸引人才、留住人才、用好人才的体制机制。鼓励和支持设立不同层次、多种形式的人才开发资金渠道。增加中央财政资金投入，对符合条件的教师、医务人员给予奖励和资助，完善艰苦边远地区津贴制度。促进西部地区党政人才队伍、专业技术人才队伍和企业经营管理人才队伍协调发展。加大干部的交流力度，每年选派相当数量和相应级别的干部到西部地区县级以上领导班子中工作。

（2）在促进就业方面。支持中西部建立覆盖城乡的就业管理服务体系，将农村劳动力纳入公共就业服务范围。落实促进高校毕业生、农民工和困难群体就业的政策，努力提高就业水平。大力发展劳动密集型产业和小型微型企业，加大对自主创业的扶持力度，培育一批创业孵化示范基地，促进以创业带动就业，积极支持农产品产地初加工、休闲农业发展，吸纳农民工就业。实施"阳光工程""雨露计划"等就业推进工程，对职业介绍补贴、职业培训补贴、公益性岗位补贴、职业技能鉴定补贴、特定就业政策补助、社会保险补贴，以及扶持公共就业服务资金，中央财政通过专项转移支付的方式重点支持中西部地区。鼓励已经成功创业的农民工等人员，把适合的产业转移到家乡再创业、再发展。

（七）社会事业改善政策

（1）在科学技术方面。扶持科普工作，推广先进适用技术。重点加强中西部地区科技能力及重点科研基地建设。鼓励东部地区转让先进技术，大力发展跨区域产业技术创新联盟，促使中西部地区完善产业技术创新体系。加大对产业园区技术创新体系建设、知识产权运用以及自主知识产权产业化的支持力度，提高集成创新和再创新能力。鼓励东部地区高校、科研机构、企业与中西部地区开展多种形式的产学研合作，推动有条件的企业在中西部地区建立研发机构和中试基地。支持中西部地区高等学校提升人才培养与创新服务能力，结合产业转移重点办好特色专业。

（2）在卫生事业方面。支持中西部地区卫生事业发展，加强公共卫生设施建设，完善疾病预防控制体系和医疗救治体系，加强传染病和地方病的预防控制工作。落实疾病预防控制机构人员编制，优化人员和设备配置，重点支持中西部地区提高工作能力。支持完善新型合作医疗制度、贫困农民家庭医疗救助制度，健全县、乡、村三级卫生服务网络，重点支持以乡镇卫生院为主体的农村医疗设施建设，在县医院标准化等医疗卫生专项建设经费上给予西部地区更大倾斜。加强重大传染病和地方病的防治，加强人口和计划生育工作，扩大中西部地区"少生快富"工程的实施范围。

（3）在文化事业方面。扶持文化艺术、广播影视、新闻出版和农村基层公共文化服务网络和文化设施建设，加强自然和文化遗产的有效保护和合理开发利用。发展有地方特色的文化产业。文化惠民工程以中西部地区为重点，加快公共文化基础设施建设，增加中西部地区公益性演出补贴，加大对地方特色和民族特色文化的支持力度。

（4）在社会保障方面。增加财政对社会保障的投入，加大中央财政对中部地区的专项转移支付力度。支持中西部地区完善城乡最低生活保障制度，完善社会救助和保障标准与物价上涨挂钩联动机制，提高新农合人均筹资标准和保障水平，完善福利机构基础设施，逐步扩大社会福利保障范围。

（八）生态节约环保政策

（1）在生态保障方面。将资源承载能力、生态环境容量作为承接产业转移的重要依据，重点支持中西部地区天然林资源保护、防护林体系建设、自然保护区建设、湿地保护与恢复工程和水土保持工程建设，加大野生动植物保护和自然保护区建设力度，支持工矿废弃土地复垦和矿山生态环境恢复工作。制定生态补偿相关政策，加大中央财政重点生态功能区的均衡性转移支付力度，重点支持中西部地区开展生态补偿试点。

（2）在资源节约方面。支持节能节水改造、资源综合利用，发展循环经济；坚持淘汰落后产能，禁止高耗能、高排放行业转移；加快山西、河南等省循环经济试点省建设，支持建设一批循环经济重点项目，全面推行清洁生产；加强承接产业转移中的环境监测；推广多层标准厂房建设，提高土地投资强度和用地密度；加强水资源保护和合理利用；鼓励企业采用先进技术，降低单位产出的能源资源消耗；鼓励和支持承接产业转移园区发展循环经济、实施清洁生产示范工程。

（3）在污染治理方面。支持中西部地区水污染防治项目建设，加强流域、区域水资源开发利用和水环境保护的统一管理，提高水资源利用综合效益；支持重点城市的污水与垃圾处理设施建设；加强"两控区"大气污染防治，加快"三废"无害化处理和再生利用设施建设；支持工业污染防治，解决好产业转移过程中的污染转移问题；加强产业园区污染集中治理，建设污染物集中处理设施并保证其正常运行，加大企业清洁生产审核力度；严格执行污染物排放总量控制制度，实现污染物稳定达标排放；支持中西部地区完善县级和部分地市级监测监察机构。

第二节　中西部地区主要省份承接产业转移的政策比较

产业转移是优化生产力空间布局、形成合理产业分工体系的有效途径，是推进产业结构调整、加快经济发展方式转变的必然要求。随着国际国内产业分工深度调整，我国东部沿海地区产业向中西部地区转移步伐加快。中西部地区相对于东部沿海地区来说，有着资源丰富、要素成本低、市场潜力大的优势，积极承接国内外产业转移，不仅有利于加速中西部地区新型工业化和城镇化进程，促进区域协调发展，而且有利于推动东部沿海地区经济转型升级，在全国范围内优化产业分工格局。[①]

因此，从中央到中西部地区，政府都在积极推进或承接产业转移，并相继出台若干优惠政策来引导和鼓励中西部地区承接产业转移，尤其是中西部地区地方政府都在积极采取各种措施承接产业转移。随着近年来的发展，中西部地区承接产业转移的效果到底如何？出台的一系列优惠政策到底对承接产业转移有没有起到促进的作用？下一步继续推进中西部地区承接产业转移的步伐需要有什么政策改进？要想弄清

①　《国务院关于中西部地区承接产业转移的指导意见》（国发〔2010〕28号）。

楚这一系列问题，首先要梳理中西部地区在承接产业转移的过程中到底出台了哪些优惠政策，这些优惠政策在承接产业转移过程中是否起了作用。接下来我们就以中部地区的河南省、安徽省和西部地区的重庆市、陕西省为例，梳理了四个省份对于承接产业转移的政策措施，并在此基础上对四个省份的政策措施进行了对比分析。

一　河南省承接产业转移的相关政策

（一）河南省承接产业转移政策的总体概述

产业转移是经济结构调整和产业升级的产物，也是经济发展趋势的一种必然过程。河南省在 1999 年的"东引西进"工作方案中，正式提出进行产业转移的承接，境外企业开始大幅度进入河南，河南省利用外资规模不断扩大，承接产业转移的步伐不断加快。特别是 2009 年以来，河南省委省政府为更好地促进承接产业转移，出台了一系列优惠政策。2009年 9 月，河南省人民政府专门出台了《关于积极承接产业转移加快开放型经济发展的指导意见》（豫政〔2009〕77 号），指出要深入贯彻科学发展观，积极实施开放带动主战略，把招商引资作为今后一个时期全局性和战略性的工作来抓，加快承接境内外的产业转移，努力建立促进招商引资的新机制。同时，还指出要顺应产业转移规律，借鉴沿海发达地区承接产业转移的成功经验，为河南省承接产业转移提供良好的投资环境、制度保障，结合产业振兴规划，以国家级开发区、省级开发区和各类产业集聚区为主要载体，找准承接产业转移的结合点和突破口，提高招商引资的针对性和实效性，培育经济发展新的增长极，构建现代产业体系，努力打造一批承接产业转移的重要基地。

河南省委省政府近些年始终围绕河南省承接产业转移的实际，以产业集聚区为载体，扩大招商引资力度，陆续出台了配合促进承接产业转移的政策措施，专门在土地、财税、融资、组织领导、激励措施、软环境等方面采取了促进河南省承接产业转移的措施。

（二）河南省承接产业转移的具体政策措施

为促进经济社会快速发展，河南省近年来在积极承接产业转移、提升招商效果等方面出台了一系列具体的政策措施，主要可分为以下几个方面。

1. 土地政策

在土地政策方面，河南省为积极承接产业转移，对转移过来的项目和企业给予优先保障土地需求的政策，尤其是对一些重点招商项目和符合国家指定的鼓励类外商投资项目优先安排和保证建设用地，地方政府并给予优惠的配套政策。同时，还规划了180个省级的产业集聚区，每个地方都强调优先保证产业集聚区的规划用地，利用规划的产业集聚区积极承接好的项目和企业。

具体来看，河南省出台政策规定要把土地利用总体规划、城市总体规划、村镇体系规划和产业集聚区规划充分衔接，对于节约集约用地情况良好的产业集聚区，国土资源部门在城乡建设用地增减挂钩指标上应给予优先支持。①《河南省人民政府关于积极承接产业转移加快开放型经济发展的指导意见》（豫政〔2009〕77号）也指出要保障项目建设用地，各类开发园区存量土地要优先用于符合园区产业规划的承接产业转移项目。

2. 财税政策

河南省近年来陆续出台了一系列激励性财政政策来支持承接产业转移，这其中效果最明显的就是一些财税政策。在财税政策方面，河南省主要通过专项财政资金扶持奖励、减免税费和抵扣返还其他费用等手段，促进企业和项目的转移。每年省财政会安排专项资金奖励承接地政府、产业集聚区或转移企业，以此来鼓励地方政府加大招商力度，引导好的项目和企业转移到河南。特别是对于重点引进和附加值高、技术水平高的项目，除给予专项奖励资金外，还通过大幅度的税费减免、抵扣等措施将其吸引到河南发展。

具体来看，在河南省财政厅、商务厅出台的《关于印发河南省招商引资专项资金管理暂行办法的通知》（豫财办企〔2008〕226号）规定，省财政安排5000万元专项资金，专项用于对市、县（市、区）产业集聚区承接产业转移项目的奖励，主要奖励重点资助重大招商引资成功项目及招商引资

---

① 《河南省人民政府印发关于加快产业集聚区科学发展若干政策（试行）的通知》（豫政〔2009〕62号）。

工作较好的省辖市。2009 年出台的《河南省人民政府印发关于加快产业集聚区科学发展若干政策（试行）的通知》（豫政〔2009〕62 号）中规定，在产业集聚区从事国家重点扶持的公共基础设施项目和污染减排、节能节水项目企业的所得，符合税法规定条件的，自项目取得第一笔生产经营收入所属纳税年度起，前三年免征企业所得税，第四至第六年减半征收企业所得税。2014 年又出台了《河南省人民政府关于进一步促进全省产业集聚区持续健康发展财政扶持政策的通知》（豫政〔2014〕71 号），继续实行激励性财政政策。2013 ～ 2015 年，省级产业集聚区集中的"三税"（增值税、营业税和企业所得税）收入比上年增加的部分全额奖励县（市、区），继续加大专项政策扶持力度。2014 ～ 2016 年，省财政每年安排 10 亿元专项资金，对规模大、发展快、质量优的产业集聚区集中奖励，鼓励产业集聚区拓宽融资渠道，创新投融资模式，加大基础设施和公共服务设施投入。同时，也规定减免行政事业性收费。

3. 金融政策

为解决企业发展融资难问题，河南省出台相关政策，积极引进境内外金融机构，大力发展银行、证券、保险、期货、信托等金融产业，努力解决和缓解企业发展过程中资金链短缺的困难。同时，也通过省财政设立专项资金为企业发展提供融资服务。

具体来看，2008 年河南省委省政府就出台了《中共河南省委河南省人民政府关于进一步加强招商引资工作的意见》（豫发〔2008〕14号），指出积极引进境内外金融机构，加快区域性金融中心建设，积极发挥政府的引导和推动作用，大力发展银行、证券、保险、期货、信托等金融产业。2009年出台的《河南省人民政府印发关于加快产业集聚区科学发展若干政策（试行）的通知》（豫政〔2009〕62号）规定，组建建设性投融资公司，深化产业集聚区投融资体制改革和机制创新，建设公司化产业集聚区投融资平台，多渠道筹集建设资金，进行土地前期开发，投资基础设施和公共服务体系建设，各省辖市、县（市）要安排相应财政专项资金，向产业集聚区投融资公司注入资本金。在经济发展进入新常态后，整个市场环境受到冲击，企业发展融资难问题更是加剧，2014年河南省政府就出台了《关于进一步促进全省产业集聚区持续健康发展财政扶持政策的通知》（豫政〔2014〕71号），引导金融机构加大投入，实行贷款增量奖励，鼓励城市商业银行等地方金融机构加大产业集聚区建设贷款支持力度，同时在2014～2016年，省财政每年安排1亿元专项资金，对增加产业集聚区贷款的地方金融机构给予增量奖励，省财政每年还安排一定数额的专项资金，对产业集聚区在保贷款余额大、增幅快的担保机构给予奖励。

4. 公共服务政策

随着我国产业转移规模的不断扩大，中西部地区都在积极承接产业转移，并相互竞争，出台各种优惠政策吸引东部沿海地区的企业和项目。但是近几年，各地在承接产业转移的竞争中出台的土地、财税、金融等政策方面大同小异，单纯靠这些政策的优惠并不会显现出竞争优势，因此，各地又积极在政府服务、配套设施等软环境方面寻求竞争优势。河南省也积极提升政府服务水平及办事效率，通过完善基础设施建设、公共服务体系等配套措施来吸引东部沿海地区的产业。

　　具体来看，2008 年河南省委省政府出台了《中共河南省委河南省人民政府关于进一步加强招商引资工作的意见》，改善投资软、硬环境，加强能源、交通、通信、市政公用事业等基础设施建设，进一步简化审批程序，各地各部门要把健全完善"一站式"服务作为优化发展软环境的重要举措，提高行政审批服务效能。2009 年出台的《河南省人民政府关于积极承接产业转移加快开放型经济发展的指导意见》（豫政〔2009〕77 号）指出，各级政府要进一步加强领导、完善机制，把承接产业转移作为对外开放"一把手"工程的重要内容，认真研究制定当地承接产业转移的具体政策措施，及时协调、解决工作中遇到的重大问题，同时，要求强化对承接产业转移重大合作项目的跟踪服务，尤其是在项目的核准、备案、规划、土地和环保手续等方面，要简化程序、提高效率、限期办结，加快推进项目的实施。除此之外，《河南省人民政府关于进一步促进产业集聚区发展的指导意见》（豫政〔2010〕34 号）、《河南省人民政府关于持续推进开放招商工作的指导意见》（豫政〔2013〕29 号）、《2014 年河南省加快产业集聚区建设专项工作方案的通知》（豫政办〔2014〕49 号）等文件也都强调了要加强承接产业转移工作的组织领导，要求市、县（区）主要领导作为负责人推进项目的落地，对重点或重大项目实行"一个项目、一个领导、一套班子、一抓到底"的工作机制。

5. 集聚区政策

自 2009 年开始，河南省委省政府提出要构建"一个载体、三个体系建设"，其中"一个载体"就是加快推进产业集聚区建设，并出台了《中共河南省委河南省人民政府关于推进产业集聚区科学规划科学发展的指导意见》（豫发〔2009〕14 号）。2009 年 4 月河南省推动规划建设了 180 个省级产业集聚区，这些集聚区在承接产业转移过程中起着非常重要的作用，东部沿海转移过来的企业大多都入驻了产业集聚区，为此，河南省也出台了一系列促进和完善产业集聚区建设的政策措施。

2009 年河南省人民政府印发了《关于加快产业集聚区科学发展若干政策（试行）》的通知（豫政〔2009〕62 号），指出了产业集聚区是建立现代产业体系、现代城镇体系和自主创新体系的重要载体。并从产业集群发展、构建投融资平台、加大财税和金融扶持力度、保障产业集聚区建设用地、完善公共服务体系和加强组织领导等几方面详细给出了促进产业集聚区发展，进而带动承接产业转移的政策措施。为进一步明确产业集聚区功能定位、落实扶持政策、促进产业集聚区科学发展，河南省人民政府于 2010 年出台了《关于进一步促进产业集聚区发展的指导意见》（豫政〔2010〕34号），从完善集聚区集聚机制方面给出了进一步的促进措施。同时，还下发了《关于建立完善产业集聚区推进工作机制的通知》（豫政〔2010〕35号），进一步明确了各级、各部门工作职责，确保各项任务的落实。

根据产业集聚区发展情况，河南省不断调整政策措施，相继出台了《关于完善财政激励政策促进产业集聚区加快发展的通知》（豫政办〔2010〕30号）、《河南省人民政府关于加快建设创新型产业集聚区的实施意见》（豫政〔2010〕70号）、《关于全面推进全省产业集聚区招商引资工作的指导意见》（豫政办〔2011〕120号）和《河南省人民政府关于进一步促进全省产业集聚区持续健康发展财政扶持政策的通知》（豫政〔2014〕71号）等相关政策，从财政、税收、土地等多方面加大支持产业集聚区发展的措施，以此来促进河南省承接产业转移。

6. 其他政策

河南省除了在土地、财税、金融、服务环境、产业集聚区等方面陆续出台了多项支持承接产业转移的政策外，还在产业配套、优惠电价、创新人才培养等方面出台了一些配套政策。

河南省出台政策规定对于已批复的县域集聚区内符合国家产业政策的大工业项目生产用电，执行省网直供电价。同时，还建立完善以专业培训、专家指导、选派挂职、人才引进相结合的集聚区人才培育引进机制，将集聚区各类人才培养纳入继续教育和职业培训计划，扩大省、市级财政投入比例，支持开展面向集聚区高层次管理人才的培训，支持企业培训中心、就业训练中心、职业技术学院和技工教育集团发挥自身优势，培育高水平技术工人。[①]

二 安徽省承接产业转移的相关政策

(一) 安徽省承接产业转移的政策措施概述

近年来，我国区域经济格局正在发生重大变化，东南沿海地区产业正在大规模向中西部地区转移，安徽作为毗邻东部地区的重要省份，在承接产业转移的规模和速度方面都得到了快速发展。2008 年初，安徽省在充分发挥区位优势、自然资源优势、劳动力资源优势的基础上，就开始积极参与泛长三角区域发展分工，主动承接沿海地区产业转移，不断加强与周边省份的横向经济联合和协作。随着 2010 年 1 月 12日，国务院正式批复《皖江城市带承接产业转移示范区规划》，安徽沿江城市带承接产业转移示范区建设正式纳入国家发展战略，更是给安徽省承接产业转移带来了重大的发展

[①] 《河南省人民政府关于进一步促进产业集聚区发展的指导意见》（豫政〔2010〕34 号）。

机遇。2010 年 2 月，为全面落实国家政策，推进承接产业转移步伐，安徽省政府发布了《关于皖江城市带承接产业转移示范区规划的实施方案》，对涉及皖江城市带承接产业转移示范区的相关税收优惠政策进行了全面的、认真的梳理。随后，又相继出台了《促进皖江城市带承接产业转移示范区发展若干税收优惠规定》《关于支持皖江城市带承接产业转移示范区企业上市融资实施意见》《关于银行业支持皖江城市带承接产业转移示范区发展的意见》《皖江城市带承接产业转移示范区基础设施规划》《安徽省促进皖江城市带承接产业转移示范区发展条例》《皖江城市带承接产业转移示范区城镇体系规划》等政策。这些政策文件在组织实施、平台建设、财税政策、软环境、土地政策、融资政策、环境保护等方面采取的相应措施，加快推进了皖江城市带承接产业转移示范区建设。

（二）安徽省承接产业转移的具体政策措施

为促进经济社会快速发展，安徽省近年来在积极承接产业转移、提升招商效果等方面出台了一系列政策措施，主要可分为平台（载体）建设、财税、软环境提升、土地、融资等五个方面。

1. 平台（载体）建设政策

为促进承接产业转移，安徽省以皖江城市带承接产业转移示范区为抓手，强力推进产业转移的承接工作，大力支持招商引资、承接产业。从财政资金上大力支持集聚区的建设，从 2010 年起，省财政连续 6 年每年安排不少于 10 亿元的专项资金用于集聚区建设，区内新建企业年新增企业所得税省级分成部分全额奖励市县，涉及企业的行政事业性收费予以免收；对于示范区内的省级开发区，可依法采取置换用地、整合周边乡镇工业集聚区或产业园区等方式扩大范围，由所在地政府修编开发区总体规划报省政府批准后实施。针对区位、交通及产业基础较好的工业聚集区可批准筹建省级开发区，符合条件的省级经济开发区可同时设为省级高新区，支持具备条件的省级开发区升格为国家级开发区。在集中区和省级以上开发区中设立合作园区，吸引海内外地区政府、开发园区、跨国公司、中央企业、战略投资者，以及省内各市县、企业等对其进行整体开发，并于 2010 年起连续 6 年，合作园区新增增值税、所得税市、县留成部分，全额补贴给合作园区。鼓励发展"飞地经济"，积极探索不同的管理模式和利益分享机制，开展国际、省际，省市、市县之间的广泛合作。[①]

2. 财税政策

在安徽省政府及相关部门发布的各项政策中，关于直接优惠政策方面，效果最为明显有效的当属财税政策。安徽省国家税务局为支持承接产业转移专门出台了《促进皖江城市带承接产业转移示范区发展若干税收优惠规定》（皖国税发

---

① 《中共安徽省委安徽省人民政府关于加快推进皖江城市带承接产业转移示范区建设的若干政策意见》（皖发〔2010〕10 号）。

〔2010〕84号），这个规定中共包括44条具体举措，其中涉及综合性税收优惠规定的就有12条，还有涉及农业方面的5条，涉及高新技术产业的5条，涉及现代服务业的8条，涉及自主创新的3条，涉及资源节约和节能减排的11条。具体来看，此规定鼓励企业从事基础设施的建设，对企业从事港口码头、机场、铁路等国家重点扶持的公共基础设施项目，自项目取得第一笔生产经营收入所属纳税年度起，第一年至第三年免征企业所得税，第四年至第六年减半征收企业所得税。此外，对企业进行技术转让和自主创新也给予税收优惠，对企业在一个纳税年度内符合条件的技术转让所得不超过500万元的部分，免征企业所得税，超过500万元的部分，减半征收企业所得税；对企业为开发新技术、新产品、新工艺发生的研究开发费用，未形成无形资产计入当期损益的，在按照税法规定据实扣除的基础上，按照研究开发费用的50%加计扣除，形成无形资产的，按照无形资产成本的150%摊销。[①]

除此之外，安徽省委省政府还发布了其他支持承接产业转移的税收优惠政策，主要为《中共安徽省委安徽省人民政府关于加快推进皖江城市带承接产业转移示范区建设的若干政策意见》（皖发〔2010〕10号），意见中规定对以省政府名义表彰的有关科学、教育、技术、文化、卫生、体育和环

[①] 《促进皖江城市带承接产业转移示范区发展若干税收优惠规定》（皖国税发〔2010〕84号）。

境等方面的奖励，免征个人所得税；对外省转移到示范区内的综合利用资源企业，凡在资格有效期内生产已认定符合国家产业政策规定产品的，不再重新认定，享受企业所得税资源综合利用的优惠政策。[①]

3. 软环境提升

安徽省在承接产业转移的软环境提升方面主要是优化政府服务环境、简化行政审批程序，提供优良的招商环境。首先，安徽省委省政府注重组织领导，重视承接产业转移工作的推进，于 2010 年 4 月发布的《中共安徽省委安徽省人民政府关于皖江城市带承接产业转移示范区规划的实施方案》中指出，要加强组织领导，省领导小组负责对示范区建设统一领导、统一指挥、统一协调，同时，要求省直有关部门、示范区各市要通过联席会议、专项工作小组等形式，加强协调合作，强化示范区各市与皖北、皖西、皖南等市的合作和帮扶机制。此外，还注重政策宣传，策划一批宣传报道主题，整体推介示范区，着力打造示范区承接产业转移的品牌形象。其次，安徽省在做好承接产业转移的工作中尤其重视行政审批及办理程序的简化。由安徽省国家税务局出台的《促进皖江城市带承接产业转移示范区发展若干税收优惠规定》（皖国税发〔2010〕84 号）指出，要进一步优化办税流程，清理和压缩办税环节，努力实现涉税业务统一受理、内部流转、

---

① 《中共安徽省委安徽省人民政府关于加快推进皖江城市带承接产业转移示范区建设的若干政策意见》（皖发〔2010〕10 号）。

全程服务、限时办结；进一步规范税务行政审批，大力推行一窗式受理，并逐步推行网上审批，不断提高税务行政审批效能。同时规定各级国税机关特别是皖江示范区各市、县（区）国税机关要进一步建立健全岗位责任制、首问负责制、一次性告知制、服务承诺制、离岗告示制、AB 岗工作制、办文办事限时制和责任追究制等工作制度，不断加强效能建设，提高办税效率。① 最后，还站在转移企业利益最大化角度出台了《关于加快推进皖江城市带承接产业转移示范区建设的若干政策意见》（皖发〔2010〕10 号），在搬迁企业原有的资源、应该享有的国家规定的优惠政策及办理手续尽量简化等方面给予了明确规定。

4. 土地政策

安徽省在承接产业转移的政策方面，建设用地优先用于承接转移的产业，并预留新增建设用地计划专项用于示范区重大项目建设。安徽省在土地政策方面，主要的规定是对投资额 1 亿美元或 5 亿元人民币以上的鼓励类产业转移重大项目用地计划指标单列，集中区单独编制土地利用总体规划，用地计划指标单列，对上市后备企业其上市募集资金的投资计划项目所需建设用地，各地要优先保证土地计划指标，优先办理核准预审和及时报批，优先供地。同时，安徽省积极完善集体建设用地使用权流转制度，将集体建设用地纳入统

---

① 《促进皖江城市带承接产业转移示范区发展若干税收优惠规定》（皖国税发〔2010〕84 号）。

一市场，根据全省城镇土地使用税税额幅度，示范区内市、县政府可自行确定当地等级土地的适用税额。对转移到示范区内的企业，其在建期间建设用地，纳税确有困难的，按程序报批后，可减征或免征城镇土地使用税，经营期间其自用的房产和土地，纳税确有困难的，按程序报批后，可减征或免征房产税和城镇土地使用税。①

5. 金融政策

除了土地政策、软环境提升等措施外，承接产业转移的资金扶持政策也非常重要。安徽省为更好地满足皖江城市带承接产业转移示范区多样化投融资需求，推动更多企业上市融资，促进示范区经济又好又快发展，出台了《关于支持皖江城市带承接产业转移示范区企业上市融资的实施意见》（皖政办〔2010〕40号），鼓励各类金融机构在示范区设立分支机构，并给予一次性资金补助，新购建的自用办公房房产税按收入归属3年内由财政全额奖励给企业。同时，还优先支持重大关键领域，完善信贷管理制度，调整信贷投向，加大对有市场、有技术、有发展前景的中小企业的融资支持，推动各银行业金融机构实施县域新增存款主要用于当地发放贷款，深入推进农村金融产品和服务方式创新，促进示范区现代农业发展。适度扩大示范区分支机构的信贷审批权限，适时设立专营服务承接产业转移

---

① 《关于加快推进皖江城市带承接产业转移示范区建设的若干政策意见》（皖发〔2010〕10号）。

的信贷审批机构，减少逐级审批环节。创新评级授信手段，建立产业转移的评级授信模型，针对产业转移的发展周期、发展前景和风险预期，制定、细化不同的信贷准入政策和风险控制措施。[①]

三　陕西省承接产业转移的相关政策

(一) 陕西省承接产业转移的政策措施概述

近几年来，陕西以其良好的投资环境和具有特色的招商引资方式，吸引了大批国内外产业项目落户。2008 年 8 月，陕西省人民政府办公厅发布了《关于加强承接产业转移工作的通知》（陕政办发〔2008〕88 号），针对陕西省承接东部地区产业转移，在承接产业布局、建立领导机制以及发挥政府职能等方面做出了规定。2008 年 12 月，陕西省人民政府发布了《关于进一步推进开放型经济发展的决定》（陕政发〔2008〕70 号），提出要加大工业领域招商力度，加快现代服务业引资步伐，积极吸引外资发展现代农业，积极引进跨国公司和大型企业来陕设立地区总部，充分发挥产业园区利用外资的载体作用，积极实施"走出去"战略，强化东西合作机制，大力承接产业转移。

在做好做实招商引资工作的基础上，陕西省人民政府及相关部门兼顾"引进来"和"走出去"，出台了《关于加快

---

① 《关于支持皖江城市带承接产业转移示范区企业上市融资的实施意见》（皖政办〔2010〕40 号）。

发展对外文化贸易的实施意见》（陕政发〔2014〕27 号）、《关于推进建筑业转型升级加快改革发展的指导意见》（陕政发〔2014〕31 号）、《关于进一步做好境外投资工作的实施意见》（陕政发〔2015〕19 号）、《关于改进口岸工作促进外贸发展的实施意见》（陕政发〔2015〕40 号）、《关于进一步推进户籍制度改革的意见》（陕政发〔2015〕12 号）等相关政策文件，从不同方面对陕西省产业转移工作做出了重要的指示。

（二）陕西省承接产业转移的具体政策措施

陕西省在出台的承接产业转移政策措施中，主要包括土地政策、平台（载体）建设、软环境提升、金融财政及其他政策等五个方面。

1. 土地政策

众所周知，项目和企业落地的关键因素在于土地，只有给予需要的建设用地面积，才能较好地建设和发展一个企业，因此陕西省在承接产业转移、扩大招商引资的过程中非常注重利用优惠的土地政策。对于转移过来的企业和项目引导其进入开发区，开发区项目建设用地指标给予倾斜。规定开发区用地纳入所在市年度用地计划进行单列，对于农用地转用指标不足的，由省国土资源部门协调有关单位积极研究解决，开发区建设涉及的耕地补充任务、被征地农民的社会保障及就业培训由所在地政府负责，开发区要严格对土地资源使用的管理，提高单位土地面积的使用强度和效率，优化土地资源的使用效益。① 陕西省出台的保障承接产业转移的土地政策，极大地促进了承接产业转移的步伐。

2. 平台（载体）建设

陕西省在承接产业转移的过程中，以产业集聚区、开发区为抓手，出台了一系列优惠政策。2008 年出台的《关于加强承接产业转移工作的通知》（陕政办发〔2008〕88号）指出，承接产业转移要以全省产业集群和园区发展规划为指导，重点引进对产业聚集和开放型经济贡献度大的骨干企业和重大项目，着力抓好高新技术产业、装备制造业、能源化工产业、现代服务业、特色资源开发与加工业的产业承接，特别是承接劳动密集型与高附加值产业、加工贸易和服务外包产业，大力培育和发展飞机、汽车、输变电、工程机械、机床、能源化工、新一代移动通信、集成电路、软件、医药、果品等产业集群。2014 年出台的《关于加快发展对外文化贸易的实施意见》（陕政发〔2014〕27 号）指出重点加大对曲江国家级文化产业示范基地、西安高新区文化创意产业园（国家数字出版基地）、西安经开区国家印刷包装产业基地、陕西文化艺术保税园区、西安浐灞生态区、西安碑林科技产业园等文化产业园区建设的支持力度，提高产业聚集、辐射和孵化功能，促进陕西特色文化产业集群发展。

---

① 《陕西省人民政府关于加快全省开发区发展的若干意见》（陕政发〔2007〕4号）。

3. 软环境提升政策

陕西省在承接产业转移政策中非常注重组织领导及营造良好的招商软环境。

首先，在组织领导方面，2008 年陕西省出台的《关于加强承接产业转移工作的通知》（陕政办发〔2008〕88 号）指出，加强组织领导，设置省推进承接产业转移工作领导小组全面负责承接产业转移工作，具体协调、指导产业转移过程中所遇到的问题。其次，积极营造良好的招商环境。陕西省政府积极推进壮大承接转移载体，要求各级政府和主管部门要把承接产业转移与发展园区经济相结合，以开发区（园区）为主要承接载体，鼓励有实力的投资者参与园区建设，推行园区公共服务项目市场化运作、企业化管理。搭建承接转移平台，充分利用"西洽会"等会展平台，组织开展产业承接转移洽谈活动。改善承接转移条件，完善投资促进体系，按照"政府推动、企业主体、市场运作、互利多赢"的模式，建立"政府—中介—企业（开发区）"联动的投资促进体系。[①] 最后，简化行政审批程序。2015 年出台的《关于进一步做好境外投资工作的实施意见》（陕政发〔2015〕19 号）指出，要推进便利化服务，要求各设区市政府和省级有关部门要进一步简化办事程序，提高工作效率，在全面落实国家鼓励承接产业转移的各项政策的基础上，研究制定便利化管理措施。

---

① 《关于加强承接产业转移工作的通知》（陕政办发〔2008〕88 号）。

4. 金融财政政策

陕西省为积极承接产业转移，加大招商引资力度，运用了财政专项资金进行奖励、财政补贴、引导融资等优惠措施，在招商引资过程中起到了很重要的作用。陕西省财政每年安排专项资金，用于奖励开发区招商引资工作，并给予招商活动经费补贴，同时还要求各市、县、区也要配套相应的招商引资专项资金。① 陕西省还建立银行与开发区、区内企业三方高层联络磋商制度，协商解决开发区建设中重大项目所需的资金问题，积极争取国家开发银行、商业银行对符合条件的开发区基础设施项目及公用事业项目给予信贷支持，提供高效的融资服务，支持符合条件的区内企业发行债券和企业短期融资券，通过资本市场扩大直接融资。同时，还积极争取"中西部等地区国家级经济技术开发区基础设施项目贷款财政贴息资金"、"国家中西部外贸发展专项基金"、政府间和国际组织的援助资金，优先扶持开发区发展。②

5. 其他政策

在承接产业转移的政策措施中，除了利用产业园区、集聚区等平台出台相应的优惠政策，提升招商软环境等方面的措施，吸引东部沿海产业向陕西省转移外，陕西省在人才培养、产业配套等方面也出台了一系列政策积极做好承接产业

---

① 《陕西省人民政府关于加快全省开发区发展的若干意见》（陕政发〔2007〕4号）。
② 《陕西省人民政府关于加快全省开发区发展的若干意见》（陕政发〔2007〕4号）。

转移工作。

为更好地承接产业转移，陕西省建立和完善多层次宽领域招商项目储备库，积极与招商引资重点国家和地区权威投资促进机构建立经常性的联系机制，同时与东部沿海发达地区开发区建立友好交流关系，互通项目、交流经验，不断提高招商引资工作的实效。[①] 并出台优惠政策鼓励具有高级职称的专业技术人员、高级管理人员以及留学回国人员到开发区创业，对这些创业人员，可不受单位性质和进城指标的限制，经开发区管委会审查，报公安部门审批同意后，办理迁移、落户等手续。此外，还要求省市有关部门要把开发区人才培养纳入重点工作，列出专门计划，努力建设一支作风优良、业务精通、办事高效的开发区管理人才队伍。[②]

四 重庆市承接产业转移的相关政策

（一）重庆市承接产业转移的政策措施概述

在沿海产业向西部转移已成为大趋势之时，重庆市成了沿海企业青睐的基地。2005 年重庆市人民政府发布了《关于推进都市工业园（楼宇）建设的意见》（渝府发〔2005〕20号），提出建设都市工业园区，大力实行招商引资。2008 年以来，为了更好地承接产业转移，重庆市政府以及相关部门

[①] 《陕西省人民政府关于加快全省开发区发展的若干意见》（陕政发〔2007〕4号）。

[②] 《陕西省人民政府关于加快全省开发区发展的若干意见》（陕政发〔2007〕4号）。

开展了大量的工作，出台并实施了一系列相关规定和政策。如，发布了《关于三峡库区承接产业转移有关政策的通知》（渝府〔2008〕51号），从税收政策、金融扶持等方面做出规定，支持三峡库区特色工业园区的建设和发展；发布了《关于将重庆西永微电子产业园区认定为重庆台资信息产业园的批复》（渝府〔2009〕66号），同意将重庆西永微电子产业园区认定为重庆台资信息产业园，鼓励充分发挥重庆西永微电子产业园区与台资企业的合作优势，打造承接台资信息产业转移的平台。

近年来重庆市人民政府将积极发展外向型经济，承接产业转移放在重要战略位置，并相继出台了一些优惠的政策措施。其中，《关于三峡库区承接产业转移有关政策的通知》（渝府〔2008〕51号）、《关于鼓励企业加大研发投入推动产业转型升级发展的通知》（渝府办发〔2015〕147号）等文件在组织实施、平台载体建设、优惠政策、软环境、人才培养方面做出了促进重庆市承接产业转移的相关规定。

（二）重庆市关于产业转移的具体政策措施

1. 平台（载体）建设

重庆市依托都市工业园（楼宇）积极承接产业转移，于2005年出台了《关于推进都市工业园（楼宇）建设的意见》（渝府发〔2005〕20号），从2005年起连续3年，重庆市政府每年安排2000万元支持都市工业园（楼宇）建设，都市工业园（楼宇）业主和入驻企业可按照国家有关规定享受西部大开发的各项优惠政策，凡企业利用自有场地、厂房（含新建楼宇），经批准建设成为都市工业园（楼宇）的，免收建设行政规费。① 随着承接产业转移规模的不断扩大，重庆市继续加大对园区的支持力度，对三峡库区特色工业园区内应当缴纳的土地使用权出让金全额返还园区用于土地整治；对三峡库区特色工业园区内工业项目城市建设配套费实行先征后返，市和区县（自治县）两级全额返还用于园区基础设施建设；对三峡库区特色工业园区内的工业企业建成投产后 5 年内，在现有财政体制不变的情况下，对超基数新增的地方税收和共享税收属市级和区县（自治县）级财政留成的 50% 返还园区，用于土地整治、基础设施建设和园区发展。②

在具体产业方面，重庆市政府于 2009 年发布的《关于将重庆西永微电子产业园区认定为重庆台资信息产业园的批复》（渝府〔2009〕66 号）中提出，充分发挥重庆西永微电子产业园区与台资企业的合作优势，打造承接台资信息产业转移的平台。在 2012 年又出台了《关于进一步加快服装产业发展的意见》（渝府发〔2012〕55 号），支持承接纺织服装产业转移，指出要加强规划引导和配套服务，加快重点纺织服装产业园区建设，积极引导企业向园区集聚，积极引进国内外知名企业入园，积极承接产业转移。

---

① 《关于推进都市工业园（楼宇）建设的意见》（渝府发〔2005〕20 号）。
② 《关于三峡库区承接产业转移有关政策的通知》（渝府〔2008〕51 号）。

2. 财税政策

重庆市在积极承接产业转移的政策中，还采取减免税费、财政补贴、奖励等优惠手段促进承接产业的转移。重庆市出台政策规定凡转移落户库区的项目，其主营业务收入占企业总收入70%的落户企业，在2010年底前，减按15%的税率征收企业所得税；2008~2010年，从三峡电站税收返还增量中每年安排3000万~5000万元作为承接产业转移专项资金，用于三峡库区重点区县特色工业园区标准厂房和移民就业培训基地建设；2008~2010年，凡转移落户库区项目列入国家级、市级新产品项目计划的新产品，享受财政补贴，国家级新产品3年内、市级新产品2年内按照新产品新增增值税地方留成部分的60%计算给予拨款补贴。①

具体在一些重点承接的产业方面，在积极承接服装产业的财税政策方面，2012年专门出台的《关于进一步加快服装产业发展的意见》（渝府发〔2012〕55号），规定对企业技术改造、引进关键技术和设备，投资金额在300万元以上的，给予补助或贷款贴息，在项目启动建设或竣工投产后，按其关键技术或工艺设备投资额的5%给予补助或不超过同等额度的贷款贴息。每年对服装企业销售收入上亿元的前5位企业、年纳税额达到200万元以上且纳税额列前5位的企业，分别给予适当奖励；对参加在重庆市举办的国际性、国家级和市级会展以及参加市政府或相关行业主管部门组织的境内

_____

① 《关于三峡库区承接产业转移有关政策的通知》（渝府〔2008〕51号）。

国际性、国家级专业会展的企业，给予50%的展位费补贴，对组织参加境外国际性专业展会的企业，给予70%的展位费补贴。[①] 在互联网产业方面，鼓励支持国内外知名互联网企业在重庆设立具有独立法人资格、符合互联网产业重点发展方向的总部（含区域性总部），并依据其缴纳税收、吸纳就业和产业水平等情况，由所在区县（自治县）或园区给予一次性500万元以内的落户奖励，互联网交易结算平台符合西部大开发政策的，按15%的税率缴纳企业所得税，3年内其税收地方留成部分按50%给予奖励。[②]

3. 软环境提升

近年来，重庆市为积极承接产业转移，加强招商引资环境，不断提升承接产业转移的软环境。出台专门政策要求各部门对转移落户库区的工业企业的各类规费、手续费等，按照能免则免、能减则减、就低不就高的原则，实行相应的减免政策；同时要求市国土部门开设土地审批"绿色通道"，优先审批转移落户库区的工业企业用地及配套设施用地，报批流程从简从快；保障电力供应，提高三峡库区供电可靠性；对在转出地已获得认定资格的高新技术企业和产品等，转移到三峡库区后不需重新评审，直接予以办理确认。[③]

---

① 《关于进一步加快服装产业发展的意见》（渝府发〔2012〕55号）。
② 《关于进一步推动互联网产业发展若干政策的意见》（渝府发〔2013〕47号）。
③ 《关于三峡库区承接产业转移有关政策的通知》（渝府〔2008〕51号）。

4. 其他优惠政策

除在财税政策、营商环境、工业园区建设等方面的优惠政策外，重庆市还积极引进和培育高技术人才队伍，落实工业园区产业配套政策。2008 年出台了《关于三峡库区承接产业转移有关政策的通知》（渝府〔2008〕51 号），支持库区区县（自治县）人民政府、特色工业园区建立企业融资担保机构，鼓励社会资金建立企业信用担保机构；要求市国土部门开设土地审批绿色通道，优先审批转移落户库区的工业企业用地及配套设施用地，报批流程从简从快；对于科技含量高、经济效益好、资源消耗低、环境污染少的落户库区的工业企业，优先安排用地指标。① 在创新培养人才方面，重庆市支持市外高层次科技人才团队携科技成果来渝创新、创业，对创办企业的落地团队可进行基金参股支持，财政投入形成的股权产生的收益，可部分或全部奖励给科技人才团队；企业引进产业急需的专业人才，年收入在 30 万元以上、从事核心技术或技能岗位、与企业签订 3 年以上劳动合同的，2 年内按引进人才年收入的一定比例对企业进行补贴，降低企业引智成本。②

五　不同省份承接产业转移的政策对比

中西部各省份在承接产业转移上都出台了一系列政策，以此来促进承接产业转移的步伐，进而带动经济社会水平的

---

① 《关于三峡库区承接产业转移有关政策的通知》（渝府〔2008〕51 号）。
② 《关于鼓励企业加大研发投入推动产业转型升级发展的通知》（渝府办发〔2015〕147 号）。

提高。由上述四个省份关于承接产业转移的政策梳理可知，由于地方政府出台的优惠政策措施都是在中央推进中西部地区承接产业转移的政策基础之上制定的，所以中西部地区在促进承接产业转移的政策优惠上基本一致，各个省份之间只是在具体承接产业转移的操作上会存在一些差异。

从具体政策角度看，中西部各地区都在财税、土地、平台（载体）等方面给予政策优惠，以此积极承接发达地区的产业转移。在财税方面，基本都是按照转移产业的类型给予了相应的减免税费、专项财政补贴、奖励等措施；在土地方面，都是优先保障重点转移项目的建设用地指标，对于当地重点引进的项目和企业给予优惠的土地价格；在平台（载体）方面，大部分地区都是以规划建设的产业集聚区、产业园区等为载体，吸引发达地区产业的转移，并且往往给予产业集聚区、产业园区等载体最优惠的土地、财政政策。此外，近几年随着产业转移规模的不断扩大，各地区得到了承接产业转移的实惠，都在不断加大承接力度，竞争日益激烈，为此各地纷纷在除受限的土地、财税等政策外，积极营造和提升软环境，不断增强基础配套及服务水平，在争夺产业转移过程中，出现了"不拼政策、拼服务、拼态度"的现象，而软环境越来越成为各地吸引产业转移的关键所在。

在承接产业转移具体操作工作中，中西部地区各个省份各有自己的侧重点。有些省份为了吸引东南沿海发达地区的产业转移，在财税优惠政策实施上非常重视，尽量以最低的成本来吸引转移的项目和企业，严格按照政策规定及时给予企业优惠。很多省份还在面对中央层面限定的优惠财税政策方面，通过调整或者运用其他方式变相给予企业优惠，以达到吸引产业转移的目的。同时，近些年中西部地区还纷纷在承接产业转移的载体上下功夫，通过规划各级产业集聚区，并出台政策给予集聚区最大的优惠措施，来吸引承接的产业转移到产业集聚区中，达到在本地集聚落地发展的目的。在承接产业转移载体政策方面，安徽省做得更具特色，这也主要得益于国家批复的皖江城市带承接产业示范区，使安徽省承接产业转移的载体上升到了国家层面。安徽省也是积极把握这一重大机遇，紧紧围绕这一核心，出台众多支持承接产业示范区发展的、全方位的政策措施，最终加速了安徽省承接产业转移的步伐，促进了安徽经济社会的快速发展。中西部其他地区可以借鉴安徽模式，在现有产业集聚区、园区的基础上，通过提高规格、合理规划，出台全方位支持措施，以此为核心和抓手，促进承接产业转移的发展步伐。

第三节　对于中西部地区承接产业转移政策的评述

总体来看，中西部地区承接产业转移政策已经形成了全面而系统的体系，为过去一段时间产业科学有序转移提供了有力的政策支撑，其中绝大多数政策措施都发挥了良好的效果。从国家和地方政府两方面政策对接的角度来看，各级地方政府基本上都在国家划定的优惠政策框架上对各方面政策内容进一步深化和具体化，达到了国家引导、地方政府配合深入的良好局面。然而随着我国经济体制改革的不断深化和经济社会发展的不断前进，中西部地区承接产业转移的大环境和具体要求也在不断发生变化，目前中西部地区承接产业转移的政策仍然有进一步完善的空间。从产业转移的现状和存在的问题来看，中西部地区承接产业转移政策需要针对如下几方面问题进一步完善。

第一，随着近年来国家相关政策调整的影响，全国各地区的土地与投资优惠政策已经渐无差别，交通条件的不断改善也降低了中西部地区的人力资源优势，中西部地区吸引产业转移的区域优势不断淡化。

第二，当前限制转移企业发展的一个关键因素就是融资便利性，而这方面恰恰是中西部地区的短板，进一步加大金融支持产业转移政策已经成为燃眉之急。

第三，企业转移特别是企业整体迁移存在较高的转移成本，而产业转移政策的扶持力度往往不足以抵消各类综合转移成本，应当针对这一问题研究针对性补偿措施。

第四，部分地方政府在承接产业转移工作中往往只注重招商引资，对于培育企业发展，完善配套上下游产业链方面重视不够，承接产业难以发挥规模效应、形成竞争优势。

第五，各地区承接产业转移过程中与本地产业基础和资源条件结合不足，往往注重追求短期经济增长，存在严重的重复建设、同质竞争现象，地区间承接产业转移规划没有形成互补互利的环境。

第六，虽然中央明确禁止地方政府出台优惠政策恶性竞争，但很多地方依然存在变相使用优惠政策，导致要素价格扭曲，长远来看不利于地区经济可持续发展。

第六章　中西部地区承接产业转移中环境问题及解决措施

引　言

改革开放以来，我国经济社会取得了迅猛发展，但与此同时，环境问题也开始凸显，并且问题越来越严重，已经开始严重影响了人民的身体健康，甚至一定程度上开始阻碍经济的发展。生态环境建设的重要性和紧迫性，"十二五"时期伊始也逐渐得到了更大程度的重视与建设，党的十八大以后，生态环境保护更是被放到了突出重要的位置。当前，生态环境保护与建设已经取得了初步的成效。

党的十八届五中全会上审议通过了《中共中央关于制定国民经济和社会发展第十三个五年规划的建议》（简称《建议》）。《建议》提出了更加系统性、翔实性和现实性的生态环境保护和治理方案，其中强调生态环境保护要遵循经济规律，意味着未来经济社会发展必须更加充分改善自然资源环境的配置效率。从根本上说，最有效地利用自然资源环境，其实质就是最大限度地恢复和保护自然资源环境。就此而言，遵循包括经济周期、市场经济、价格机制、公共产品等在内的一切经济规律，正是从源头解决自然资源环境保护的问题，追根溯源以自然规律助力生态文明建设。

中西部地区属于我国经济欠发达地区，有着要素成本低和市场广阔等优势。随着东部地区经济发展，大量企业扩张和出于减少生产环节的要素成本等原因，逐步将一些企业转移到中西部地区。这些企业中不乏"高投入、高能耗、高污染、低效益（三高一低）"的企业，这些企业的进入势必会对承接地的生态环境造成破坏与影响。

就河南省而言，经济社会发展阶段和全国中西部地区一样，都正处在爬坡过坎的关键时期。在"十二五"时期河南省经济增长和社会发展的主要动力靠新型城镇化、靠加大投资，但承接产业转移作为一股重要的新生力量也成为区域发展愈发重要的事实。可见承接产业转移对河南省"十三五"时期，乃至以后更长时间都将是区域经济发展的重要推动力量。承接产业转移不但需要好的政策、服务等人文环境，也需要优美的自然环境和生存环境。习近平总书记指出："既要金山银山，也要绿水青山。"所以为了今后承接更多的产业转移，河南省就需要在引入产业转移的同时，注重治理和改善承接产业转移中对生态环境可能造成的破坏，注重自然生态建设。

第一节　承接产业转移中生态环境
问题原因分析

一　公共物品与负外部性

生态环境是一种准公共物品，具有竞争性和非排他性。它向社会提供，所有人都可以使用，但是要使用它也需要付出成本。生态环境正是具有这样的特征。所以进入生态环境的社会组织或个人必然会对生态环境产生外部性，而外部性分为正外部性和负外部性。负的外部性即产生对生态环境的破坏。

工厂、企业必然是建立在我们赖以生存的生态环境的基础之上的。而作为准公共物品的生态环境，只要政府允许，企业进入该片生态区域进行生产都是可以的，即便是它可能对生态环境造成危害，而产业转移中对一些污染企业的承接则难免会造成对生态环境的影响。也就是说，对于承接产业转移中的污染企业，其必然具有负外部性。这种负的外部性主要表现为针对生态环境的污染。生态环境作为准公共物品具有非排他性，故其不可能主动向污染企业索要补偿。所以污染企业的外部性补偿问题就需要政府部门、企业和市场采取相应的措施加以解决。

二　企业自身逐利因素原因

根据"污染避难所"假设，污染密集型产业由环境管制较严格的地区逐渐转移到环境管制较宽松的地区。环境保护程度低的地区，环境资源较好，而环境保护程度高的地区，环境资源匮乏，所以后者的城市—区域还面临改进技术、降低污染、提高生产成本的问题，或者就是把污染企业转移到那些环境资源好的地区，而这些地区多是欠发达地区，目前我国的中西部地区大多处于这一历史阶段。所以要让这些企业减少污染排放，必然会使企业增加成本。从企业逐利角度来看，减少污染排放，即意味着企业成本增加、利润降低，这是企业老板不太愿意主动做的。

三　产业转移梯度原因

我国分为东、中、西三大经济带，经济发展程度和规模也各不相同。根据产业梯度转移理论，东部地区经济由于开放早，经济发达，产业门类齐全，空间竞争激烈，市场机制有利于区域优化调整产业结构，转移部分产业。而同时中西部地区发展相对落后，发展亟须引入各类产业，东西部之间呈现经济社会发展的不同梯度和层次差别。所以，我国东部地区的一些低端产业由于工业附加值低，边际社会净产值小于边际私人净产值的企业开始向中西部的相对经济落后地区转移，而企业生产行为本身或许是更污染型的。

产业主要转出地是上海、广东、浙江、北京和江苏等东部地区，而主要转入地为安徽、湖南、重庆和四川等中西部地区。就全国来看，北京、上海、浙江等省份污染转出量远远高于转入量，体现出明显的污染转移随产业转移而转移的特征。

2003～2009年，污染转移具有明显的梯度转移特征。处于第一梯度的浙江、广东、福建、天津和北京等省份净转出量大于净转入量，表现为污染的净转出；第二、三梯度的广西、湖南、四川、重庆、江西、河南、辽宁等省份表现为污染的净转入。

第二节　中西部地区承接产业转移
环境问题概述

一　河南省承接产业转移环境问题与表现

（一）总体概况

河南省和中西部其他省份一样，近些年来承接了大量东部发达地区产业转移项目，承接省外产业转移企业主要来源于广东、北京、浙江、上海、福建等东部地区。在承接产业转移工业类企业中高污染的制造业产业所占比重较大，尤其是初期承接的产业中污染企业占大多数。

以河南省一些地市为例。濮阳市承接了东部地区一个大型的化工企业，年产化工产品产量全国领先，创造了令人欣喜的 GDP，也给地方带来了可观的税收，地方政府也曾引以为豪，但与此同时，也使生态环境造成了巨大的污染。鹤壁市在承接中也面临这样的问题，不仅包括了水污染、大气污染和固体废弃物污染，噪声污染也十分严重。由于河南省规划了 180 个产业集聚区，很多承接项目都落户于集聚区中，包括化工、金属冶炼、纺织、造纸等高污染产业在集聚区大量集聚，所以河南省的承接产业转移中，环境污染集聚效应随着产业的集聚也较外省更加明显。

从河南省环保厅近期公布的数据显示，河南省劣 V 类水质的断面占比为 27.6%，接近 1/3 的水质都为劣 V 类，水资源污染问题十分严峻。从省环保厅公布的河流中可以发现，水污染严重的地区集中在豫北和豫东，而这些地区中豫北自然资源丰富，豫东人口多，劳动力资源丰富，正是河南省承接产业东部地区转移中承接量较大的地区，尤其是承接"三高一低"产业最多的地区。

最近几年，由于党的十八大后生态文明建设被重视，加上河南省尤其是郑州和豫北多地的雾霾天气，政府在承接产业转移中更加重视环境因素，着重在承接产业转移企业前，对企业环境影响评价进行考核。但承接产业转移初期，大量"三高一低"企业的进入，还是对环境造成了破坏，并在今后的很长一段时间继续影响河南的生态环境。

（二）数值分析

由于 2004 年以前东部地区企业经营形势较好，或尚不具有向外扩张和转移的条件，所以 2004 年以前河南省的实际利用省外资金数额较小，统计部门也未做专项统计。实际利用省外资金中大部分为外省在河南直接投资，而这些资金大部分为产业集聚区承接外省产业转移资金，所以这里以实际利用省外资金额来衡量承接外省产业转移资金额。衡量污染物排放量的主要指标是废水排放量、废气排放量和固体废弃物排放量，现对 2004 ~ 2014 年的实际利用省外资金额和三类污染物的排放量（见表 6 - 1）进行分析。

表 6 - 1   河南省 2004 ~ 2014 年承接省外产业转移资金额与三类污染物排放量

年份	承接省外产业转移资金额		废水排放量		废气排放量		固体废物排放量	
	数额（亿元）	同比增长（%）	数额（亿吨）	同比增长（%）	数额（亿标立方米）	同比增长（%）	数额（亿吨）	同比增长（%）
2004	369.40	—	11.73	—	13103.00	—	0.51	—
2005	503.60	36.33	12.35	5.29	15498.49	18.28	0.62	21.57
2006	1003.70	99.31	13.02	5.43	16770.00	8.20	0.75	20.97
2007	1521.60	51.60	13.43	3.15	18890.00	12.64	0.89	18.67
2008	1850.00	21.58	13.31	- 0.89	20264.00	7.27	0.96	7.87
2009	2201.90	19.02	14.03	5.41	22186.00	9.48	1.08	12.50
2010	2743.40	24.59	15.04	7.20	22709.00	2.36	1.07	- 0.93
2011	4016.30	46.40	13.88	- 7.71	40790.90	79.62	1.46	36.45
2012	5026.60	25.15	13.74	- 1.01	35001.92	- 14.19	1.53	4.79
2013	6197.50	23.29	13.08	- 4.80	37665.26	7.61	1.63	6.54
2014	7206.00	16.27	12.80	- 2.14	39628.66	5.21	1.59	- 2.45

资料来源：根据河南省历年统计年鉴整理而得。

　　为了更加明晰地展示承接东部地区产业转移与污染物排放量的趋势，这里采用折线统计来表示，如图 6 - 1 所示。

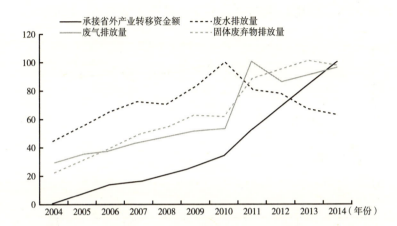

图 6 - 1　承接省外产业转移资金额和三类污染物排放量变化趋势

资料来源：根据河南省历年统计年鉴整理而得。

　　图 6 - 1 的数据经过打分加权法进行处理，其中实际利用省外资金以 2004 年的最小值为 0 分，2014 年的最大值为 100 分。三类污染物以有统计数据的 1985 ~ 2014 年中最小值为 0 分，最大值为 100 分。四组数据经过专家打分后按照比例得出。

　　通过图 6 - 1 可以看到 2010 年以前三类污染物和实际利用省外资金额快速增加，尤其是废水排放量，2010 年后废水排放量开始下降，但废气排放量和固体废弃物排放量虽有波动但总体仍然在增加。从趋势上看，出现污染反弹的可能性非常大。

为了更加清楚地展示承接省外产业转移资金对环境的影响，通过对废水、废气和固体废弃物排放量按照层次分析法，经过专家打分，得到环境污染的综合数。以承接省外产业转移额为 X，环境污染综合数为 Y，其关系如图 6 - 2 所示。

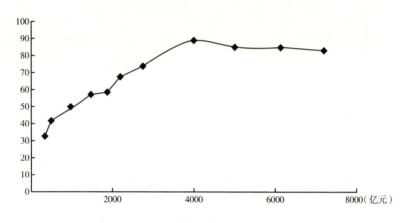

图 6 - 2　承接省外产业转移对环境的影响

资料来源：根据河南省历年统计年鉴整理而得。

从图 6 - 2 可以看出随着承接省外产业转移额的增加，环境污染程度在增加，2004～2011 年的 8 年，从斜率上看，每承接 60 亿元的外省产业转移额，就会增加 1 单位的污染物排放。2011 年后增加趋势趋于平稳，但仍处于高位，尚看不到减少的趋势。可见河南对于承接省外产业转移的环境保护问题依然非常严峻。

二　其他典型地区承接产业转移环境问题与表现

（一）安徽

安徽省东部紧邻长三角地区，并且与东部的江苏、上海

"共饮"一条黄金水道——长江，承接产业转移便利，加上长三角地区是我国经济最发达的地区，所以安徽省承接了大量产业转移项目。安徽省的皖江城市带承接产业转移示范区是国家级示范区，范围为安徽省长江流域。皖江城市带承接产业转移示范区的建立，大规模地承接了来自国外和东部沿海发达地区的制造业、原材料产业、轻纺产业、高技术产业、现代服务业和现代农业等六大产业的转移。在实际转移和承接中，产业转移的行业具有明显的倾向性，在所转移的产业中化工、轻纺、传统制造、原材料等污染型行业无论从数量上还是从金额上都占有更大比重。另外由于监管不严等原因，违法排污严重，也造成了巨大的环境污染。

在政府方面，一是采取将环境保护纳入政绩考核机制，使政府更加积极地致力于改善生态环境；二是完善控制污染转移的环境法制建设，对违法排污企业加大惩处力度；三是提高污染企业的准入门槛；四是强化产业转移前的环境考核评价机制。

（二）湖南

湖南省南部紧邻广东省珠三角地区，和安徽省类似，也属于毗邻我国经济最发达地区，有着明显的区位优势。近年来湖南省逐渐加大招商引资力度，使湖南承接产业转移规模不断扩大。但一些污染企业的进入也带来了污染问题，主要污染问题包括水污染、大气污染和固体废弃物污染。湖南省承接产业转移主要集中在工业部门，尤其以有色金属冶炼及压延加工业、造纸机纸制品业、纺织业、化学原料及化学制品制造业等高污染工业企业为主。从地区分布来看，湘南地区有色金属资源丰富，所以产业转移的有色金属冶炼及压延加工业较多，造成大气污染、水污染及固体废弃物的污染都较严重。造纸业多承接来自福建的企业，建厂在常德，从目前监测来看，该地水污染比较严重。可见产业转移确实对湖南省的生态环境造成了污染。

湖南省在促进环境保护和承接产业转移良性发展方面：一是采取在引进产业转移企业前先考虑该地区的环境承载能力，在承载能力范围内，承接产业转移企业进入；二是在结构上优先考虑引进第三产业企业，优化产业结构；三是加大环境技术的研发创新力度，对提出有效技术的团体和个人予以奖励，并将这些环境技术的项目推广到企业排污治理的过程中。

（三）重庆

重庆市是我国四大直辖市之一，经济较中西部其他省区有着更加优厚的政策优势、市场优势和区位优势，成为中西部地区中承接产业转移相对较早的地区，所以重庆市在承接产业转移中的环境问题较其他中西部省区出现得更早，对于其他省区也更有借鉴意义。据统计，重庆市在 2004 年的实际利用内资中，造成环境污染问题的引资项目很多，全市 100 万元以上利用内资中，采掘、化工、医药、水泥等对环境存在破坏性和污染性项目就有 146 个，比上年增长 52.1%，占全市比重的近20.0%。也就是说，重庆市承接产业转移发展伊始环境问题就已然凸显。

在解决措施方面，重庆市从优化承接产业的产业结构入手，加大对第三产业的承接规模，并逐步淘汰落后产能的企业，以提高污染企业的成本，促进这些污染企业的转型。目前重庆市的承接产业转移项目污染程度明显减少，在整个中西部地区起到示范带动作用。

（四）宁夏

宁夏地处西北内陆，地理交通条件和东部沿海地区相比存在一定劣势。由于缺乏人才和科技水平低等原因，宁夏承接产业转移企业从目前的情况来看大部分集中在能源、高耗能、劳动密集型低端产业，承接产业转移的层次较低。目前，宁夏承接产业转移的重点行业集中在煤炭采选、能源化工、金属冶炼、碳化硅、羊绒纺织等资源、能源、劳动密集型行业。这些行业技术含量低，而且对能源、土地、水资源的占用较多，并且很多属于高污染行业，对环境造成了很大的负面影响。

在改善承接产业转移的环境影响方面，宁夏采取了在承接企业中着重考虑承接那些环境效益好的企业。并把承接高新技术产业、新兴产业转移与促进本地传统产业转型升级结合起来，促进污染企业转型升级，提质增效。对受到环境破坏影响的企业、集体和个人，采取以产业转移的企业拿出一部分利润，补偿那些因为在此建厂，导致环境破坏，受到不利影响的企业、集体和个人的方式，使补偿机制更加灵活多样。通过企业对外部补偿，促使企业转型升级，最终使生态环境得到保护。

第三节　承接产业转移中环境问题思考
与解决方案

一　国内外对承接产业转移中环境问题的一些措施

结合国内和国外一些针对承接产业转移中的环境问题的解决方式，河南有必要探索解决相关问题的切实方案与模式，采取更灵活的方式来减轻承接产业转移中对生态环境的破坏。从战略层面看，解决方式可以分为两类。一类是以市场方式为主导的解决方法，国外很多发达国家都采取了这种方法，国内一些地区也开始尝试性应用建设，并逐渐实施；另一类是以政府为主导的解决方式，更多倚重政府部门制定相应的法律法规、规章制度进行规范和调整等。

（一）市场方式

排污权交易。随着改革开放的深入，西方的一些思想、制度也开始逐渐影响我国。在新制度经济学中，经济学家认为解决外部性的关键途径是明晰产权和进行市场交易。为此美国经济学家戴尔斯于1968年最先提出了排污权交易理论，

1977 年通过并于 1990 年修改的《清洁空气法》中明确强调鼓励公司参与市场买卖污染权。首先是对企业规定一定量的污染物排放量，对于高出污染物排放量的企业可以采取购买企业的污染排放权的方式购买排污权。

环境污染税。在解决外部性的问题上，庇古提出要对产生负外部性的企业征税，后又被称为"庇古税"，即对排放的污染物按照排放单位量进行征税。美国首先明确了这一收税主体和收税项目，大气污染税于 1972 年开征，而后日本、德国等发达国家也开始陆续实施。目前我国已经对排污较多的企业加收增值税。

排污权交易和环境污染税作为国际通行的两种主要方式，目前在我国尚处于理念阐释和实践起步阶段。虽然对于污染企业，政府征收一定税费，但标准和发达国家相比还不够完善，力度也较为有限。2014 年，国务院印发了《关于进一步推进排污权有偿使用和交易试点工作的指导意见》，对下一步如何推进实施排污权交易做出了明确的规定和说明。

（二）政府方式

目前我国在承接产业转移的企业中针对污染企业和污染现象，采取的方式主要是财政转移支付等，即针对受产业转移后遭受损失的企业、集体和个人采取转移支付财政资金的方式，对受损的企业、集体和个人进行补偿。配合的措施也包括信用担保的贷款、补偿金、补贴、退税、贴息、赠款、加速折旧、减免税收等。如宁夏采取了政府引导的方式，让承接产业转移过来的高污染企业直接对因为生态环境破坏发生的水质污染、大气污染、土壤污染、噪声污染等受到损失的企业、集体和个人进行补偿。这种方式可以有效减少因政府收取污染费转移支付给受损的企业、集体和个人这一过程中的行政成本，值得在全国推广实施。

二 河南省承接产业转移环境问题解决方案

通过走访企业和与政府官员、企业家开座谈会等形式的实地调研，进一步明确了河南省在应对承接产业转移中污染领域的解决方案与政策举措，主要包括承接前的环境影响评价考核，以及承接后对污染物的综合处理。

在承接转移企业立项前，地方政府会对拟转入企业的相关规划和建设方案进行分析、预测和评估，提出预防或者减轻不良环境影响的对策和措施，并进行跟踪监测，对于不符合环评标准的企业原则上不得进入。这使企业在准入前就进行了环境条件的原则性限制，无形中就限制和阻断了部分"三高一低"企业的进入。

在承接企业转移落地后，注重对企业污染排放进行处理。政府通过修建污水处理厂，对排放的污水进行净化处理，实现达标排放，避免了直接排放到河流，对河流造成后续污染。大气污染措施方面，主要通过对工业企业排放的二氧化硫、氮氧化物、烟尘、粉尘等污染物，采取一系列脱硫、降尘等措施，切实降低对大气的污染。对于固体废弃物的污染，调研中我们惊奇地发现，在河南省漯河市临颍县产业集聚区的一家生物科技企业——中天科技集团公司，一方面，基于对食品生产企业的固体废弃物采取了回收再利用的措施，对固体废弃物进行加工转化，新生成可以再次利用的产品，使固体废弃物变废为宝；另一方面，从植物中提取色素、活性元素等，凭借这两项，企业长期坚持以科研见长，并逐步确立了在行业中的龙头地位，并成为相关产品标准的制定者和引领者。

同时，河南省积极开展项目环评考核，也陆续出台了一些相应的政策措施，如生态环境保护条例，促使企业家提高环保意识。

三　意见和建议

当前河南省需要结合自身实际采取相应措施。一是河南省首先需要采取严格的环评标准，并确保每一个企业都能够严格符合项目环评标准，无一遗漏，并逐步提高河南省的地区环评标准；二是对于引进来的不可避免的污染，要加大对排出的污染物的处理，并逐步提高环境保护的技术水平，做到最大限度地减少污染排放；三是在政策方面要更加灵活，对于污染企业建议取消诸如税收"三免两减"等优惠政策，提高对污染型产业转移企业引入门槛；四是对于受污染损害的企业、集体和个人，政府要切实做好补偿工作，可以借鉴宁夏在承接污染企业产业转移中的模式，由污染企业对受损对象进行补偿；五是按照国务院要求，可以在适合的市、县实行排污权试点。最主要的是要优化产业结构，采取政府引导，财政补贴奖励和以税促改、以费促改等多种方式促使污染企业提质增效，减少污染。

总之，根据中西部各省承接产业转移对环境的影响，我们可以发现其基本符合库兹涅茨曲线①的规律。随着时间的推移，承接产业转移中的环境污染问题呈现先增加（2011 年以前），后趋于平稳或略有减少的趋势。可见党的十八大以来的一系列环境保护措施虽取得了一定的成效，但总体情况仍然不够乐观，一方面，现有的环境容量已经接近饱和，环境污染治理形势依然严峻；另一方面，随着一系列改革措施的实施，生态环境获得一定改善，但取得可能一时的效果仍然不是解决问题的根本。所以仍需采取多样化的环境保护措施，应采取政府和市场相结合的手段，多管齐下治理承接产业转移中的污染。

"十三五"规划指出，生态环境保护的措施必须更加注重依照自然规律和经济规律来发展经济，以最小、最少的环境污染和资源消耗，实现经济社会的全面、协调、可持续发

---

① 库兹涅茨曲线（Kuznets Curve），又称倒 U 曲线（Inverted U Curve）、库兹涅茨倒 U 字形曲线假说。美国经济学家西蒙·史密斯·库兹涅茨于 1955 年所提出的收入分配状况随经济发展过程而变化的曲线，由于其形态非常具有特点，现在也被用于展示其他一些经济学现象。

展。对承接产业转移中污染企业的治理也一样，既要遵循自
然规律，采取严格的治理手段，保护环境，做到减少污染物
排放；也要遵循经济规律，以严格的生态保护措施，促企业
转型升级，提高节能减排水平，以科学技术提高促进企业提
高生产能力。

第七章 中西部地区承接产业转移的
政策创新与改进建议

贯彻党的十八大报告，十八届三中、四中全会的精神，以实现区域协调发展、构建和谐社会为目标，制定并实施产业转移政策，将中部崛起和西部大开发推向更高阶段。以政府职能转变、行政效率提高为突破口，带动产业转移项目的有效对接、产业集聚区营商环境的改善提高。以财政、金融政策的有效落实，创新激励机制的快速形成为核心，推动产业集聚和产业链的形成与完善。从全局的战略高度实现产业结构优化调整，落实生态文明建设的目标和原则，为东部地区创新驱动型产业与现代服务业的发展腾出空间，为中西部地区产业链条的补充、居民收入水平的进一步提高创造条件。通过产业转移实现产业竞争优势再生，实现资源集约利用和全国统一要素市场的形成与完善，在全国范围内推动产业重新布局、要素优化配置，为全面建设小康社会打下更为坚实的经济基础。

第一节　中西部地区产业转移政策
实施中存在的问题

　　产业转移是一个市场主导下资源再配置和政府政策推动双重作用的结果，产业转移的目标是实现产业竞争优势再生、缩小区域发展差距、推动产业结构升级。然而在实践过程中由于存在一定的市场盲目性和政府政策不到位，产业转移也产生一些弊端，例如承接地之间在政策方面同质化恶性竞争，基础设施和配套产业不足而限制转移产业的生存发展。转移产业特征与地域资源环境特点的契合性也是决定产业转移成功与否的关键因素，由于信息不对称和转移政策的偏向性，产业转移并没有完全实现区域之间资源优化配置。产业转移存在一个适应过程，当地市场环境尤其是隐形的竞争环境、服务环境、社会文化环境对产业成长起到制约或推动作用，需要政府制定相应的政策予以适当调整和干预，而政策内容及实施效果也会产生一定的差异，需对政策方案进行反复的对照与调整。理论界针对产业转移中存在的问题进行了广泛的研究，涉及产业组织规划、产业环境、政策实施各个环节，本节进行如下初步的归纳总结（见表 7 - 1）。

　　从产业转移的供给政策方面看，推动转移后企业持续发展的政策供给不足，欠发达地区市场资源配置功能不完善阻

表 7 - 1　产业转移中存在的问题归纳

问题维度	具体内容
产业组织规划问题	·区域之间相互竞争引起的产业无序转移,低端产业聚集造成的资源环境问题 ·项目引入不当引起经济结构失调和泡沫经济 ·国有企业垄断现象严重,致使资本和要素流动性不足,产业进入门槛高 ·产业资源依赖性强产生的不可持续问题 ·产业对原有技术和市场的依赖导致在新环境下的适应问题
产业环境建设方面	·配套产业缺乏或水平较低,金融、法律、技术等服务机构供给不足 ·市场化水平较低,劳动力、资本、技术等资源不能充分流动 ·基础设施建设不完善,交通、信息成本高阻碍产业转移 ·市场监管不到位,存在虚假产品和信息扰乱市场秩序 ·公共服务相对落后,妨碍产业和人口聚集
产业政策制定与实施过程	·产业转移政策重初期引资而轻后期产业维护 ·产业转移政策忽视地域平衡性 ·经济利益导向致使对资源环境问题关注不足 ·行政管理效率低、审批环节过多、部门职能重叠造成政策落实难 ·产业政策缺乏针对性或可操作性而达不到既定目标

碍了政策传导效应的发挥，重资金引进而轻企业培育影响了产业转移的实际效果，区域发展的同质性加剧了产业引进的恶性竞争，需完善产业转移的政策传导机制，立足本地区位优势和资源优势，提高产业转移的针对性和实际效果。从产业转移环境问题方面来说，产业转入地存在环境问题的原因在于经济利益导向、环境资源的公共属性和环境经济手段严重不足，环境政策缺乏差别性和针对性，需采取改革政府绩效考核手段，针对各地具体情况制定差别化的环境政策，加

强环境资金投入等措施。

我国区域产业转移存在的客观问题：一是中西部产业配套能力差制约了产业转移的推进；二是物流成本高成为制约产业转移的瓶颈；三是沿海地区为防止产业空心化制定不利于产业转移的政策。相应的对策为：发展产业集群，形成产业配套能力，建设交通基础设施降低物流成本，成立国家产业转移管理机构，加强区域之间的沟通协调，理顺利益分配机制（何龙斌，2009）。同时，产业转移承接目标的唯经济增长化，产业转移的过度资源依赖性，产业转移缺乏科学规划而产生的被动承接，无序转移现象突出：一是承接方式粗放而引入边际产业、低端产业集群；二是西部不同城市发展不平衡。包括基础设施与公共服务、政府服务、劳动力素质在内的营商环境落后是产业转移与可持续发展的又一障碍（汪涛，2015）。除此之外，产业承接过程中应注意的问题包括：一是成本问题，尤其是隐性成本物流、产业配套、政府效率的控制；二是时机问题，不能及时提供配套设施，把握产业链整体搬迁的时机；三是产业配套问题，产业链不完备产业特色不突出；四是技术含量，需专注技术含量较高的产业环节（张先进、容宁，2008）。具体到中西部地区省份来说，湖北省承接产业转移的主要劣势是：行政服务的高成本和政策环境的低效率，产业配套能力不强（产业集聚度太低，企业的行业分布分散），企业体制落后（国有企业产权改革落后，资本和要素流动性不足），中介服务落后（肖德、程丽，2007）。中西部欠发达地区产业转移的障碍在于：一是容易产生技术依赖和市场依赖；二是转入企业同本地资源的脱节；三是资金引入不当可能造成经济结构失调和泡沫经济；四是环境问题日益突出。

第二节　从政策层面推进产业转移

重点推进领域

一　继续推进转移产业入园区和产城融合发展

转移产业进园区是产业承接地普遍采取的方案，转移产业集群式发展既实现了土地集约利用、产业统一管理，又强化了产业之间的协同合作。推进产业集中化发展的动力除了企业自身的降低生产成本，实现技术、知识溢出效应目的外，还需要政府部门采取必要措施促进相关产业聚集，尤其是推动初始形成时期的上下游产业地理位置集中，逐渐形成政府引导、企业主体、市场化运作的产业园区经营模式。政府应在产业园区先期选址、中期建设、后期维护方面起到连续的指导督促作用，投入人力物力完善园区基础设施建设，以园区产业链为核心提供生产服务，合理规划园区职工的生活和工作空间，以职住平衡、生活便利为目标建设配套的生活服务区。推进园区内网络化、动态化生产格局的形成和完善，以龙头企业为核心带动相关产业的聚集，促进上下游产业相互衔接，形成原材料稳定供应、产品顺畅销售、资金及时回流转化的生产格局。加强生产和管理的信息化，建设形成园区内部信息平台，使企业经营动态、园区管理方案、产业政策变化信息能够及时公布。提高产业集群和园区的开放性，增加园区内技术和管理人员外向交流的机会，有效发现商业机会，逐步拓展产业市场范围。实施产业和城市相互融合、彼此促进的发展策略，以产业增长带动城市服务、城市设施需要的扩张，以城市功能完善和优化升级提高对外来产业的吸引力。

二　成立专门的协调管理部门加速项目进度

产业转移项目落地之初，相关项目管理人员会存在不熟悉当地情况、手续难办、工人难找的问题，需聚集当地政府部门人员组成专门的协调工作组，协助办理项目、土地审批、环境评价、卫生检验检疫、企业资质审核等手续。为避免同当地农户之间的利益纠纷，防止地方相关审批部分故意设卡等问题，可采取政府协调工作组全程负责制，尽可能协助或替代新入驻企业进行手续办理，降低企业进入门槛，推进项目尽快落地实施。企业成立需要招募各类专业工人，寻找相关配套服务产业来源，产业园区管理人员可提前列出维修工、运输队、供水供电部门的名称和联系方式，以尽量满足园区内新企业的需要，另外需提供关联配套服务企业清单，为企业相互联系创造条件。在对产业园区内部产业链构造有清楚了解的基础上，积极采取延链补链的方式引入新企业以完善产业结构，增强整个产业集群的产业弹性和竞争力。

三 培育良好的经营环境促进产业效率提高

着重建设产业转入地交通、通信设施，提高产品运输和信息交流的便利性，提供能源、水资源、土地资源保障，围绕产业集群形成高水平的技术咨询、金融、法律、信息服务网络，促使转移企业在新的环境下能够尽快实现高效生产。发挥服务型政府职能，改项目审批制为备案制，简化企业登记注册流程，实行一站式登记、一证通过制度，对引进项目实施负面清单政策，除涉及环境安全、资源限制的产业实行准入制度之外，在土地、财税、金融各项政策上予以引导和扶持。畅通信息渠道，及时了解转移企业生产经营中遇到的困难，采取切实可行的办法予以解决。增进企业成员之间的交流互动，通过相互协商、相互学习促进先进技术和管理方法的传播，鼓励企业形成以企业为家、诚信互助的企业文化，增强企业职工的主人翁意识，从而更加密切地融入当地社会提高企业生产经营的稳定性。完善法律制度，提高执法效率，使企业之间的经济纠纷得到公正及时的解决，消除要素市场流动障碍，建立公平的市场秩序，逐渐打破行业壁垒和资源垄断，形成基于产品供求的价格浮动机制和统一开放的要素市场，优化资源配置，提高区域经济的整体实力。

四 增强本地上下游产业关联性，提高转移产业对地方经济的带动作用

鼓励企业实行链式转移、集聚发展，依据产业特点进行产业链适当延伸，加强转移产业同本地上下游企业之间的联系，完善金融、技术、法律、信息等生产服务行业，以提高转移产业市场竞争力和地方经济带动力为目标，构建动态开放的产业网络系统。创建多渠道原材料供应体系，开拓本地、省外、国外多元化产品销售市场，增进生产流程的灵活性以降低内外部风险。政府招商引资的过程中不仅应当关注企业可能创造的财政税收，而且需要考虑到对相关产业的带动作用，更多地引进可以促进关联产业发展、上下游产业衍生性较强的企业。充分发挥转移先进产业和技术对本地的影响作用，创建标杆企业、树立行业内部的示范引领机制，对外来知名企业参股或收购本地企业予以税收、融资、土地、人员管理等方面的政策优惠，提高转移企业和本地企业之间交流往来以实现技术和管理溢出效应。为预防转移产业转出后出现产业空心化问题，政府部门需要主动采取措施，例如举办行业交流会、产品会展、贸易洽谈会促进本地企业同转移产业之间的业务往来。加强对当地劳动力的技能培训，提高转移产业本地化雇用比重，增进本地和外来人员的交流融合，从而强化转入企业的本地根植性。

五 依据地域特色实施产业承接，促进产业地区间平衡分配

改变当前转移产业大部分聚集在中心城市的局面，从发挥地域优势、实现各区域经济协调发展的角度，推动产业更加均衡转移。针对河南需着重提高郑汴经济区以外产业承接能力，增加转移产业在河南省南部和西部落户的比重的情况，高耗能型的冶炼、机械、发电、化工等行业可向省内人口相对稀少、环境承载能力强的信阳、安阳、三门峡等地区倾斜；食品、服装加工行业则可在劳动力资源和水资源丰富的漯河、焦作、南阳等地布局；电子信息、汽车配件等需要较高技术创新能力和资本投入的行业可在知识较为密集的省会内部和周边布局；对现存的郑州附近规模较大的转移产业聚集区，可根据产业类型在省内寻找对口新建或密度较低的产业园区进行二次转入，从而降低产业密集区过重的资源和环境承载负担。交通条件是决定产业转移方向和效率的重要因素，河南省在承接产业转移以后需进一步提高交通便利程度，重点加强高速公路、铁路建设，不断提高郑州航空港的运输承载能力，在全省范围内实现交通一体化，依托便利交通缩小各地市之间产业承接条件的差异度。科技与信息资源在郑州过分集中也是造成产业分布不均衡的重要原因，需要进一步推进科技资源重心下移，增强企业技术研发能力，增派郑州高校和研究院所研究人员到各地市企业组建研究中心

和进行技术指导，提高地方技术创新和应用能力，推动全省产业转移升级步伐。

六　加强行业准入监管，着重引进科技含量高、环境污染少的行业

我国中西部地区原有产业结构相较东部发达地区具有劳动力密集、产业附加值低的特点，外加长期以来重工业和资源型产业比重大对本地资源环境形成了较大压力，因此产业承接过程中需注重层次和结构问题，拒绝在淘汰之列的落后产能无序转移，提高环境门槛，对转移项目进行科学的环境评价和审核，防范产业转移成为变相的污染转移。依据本地产业特点进行延链和补链，提高产业的整体协同能力，尽量承接产业链两端即研发和销售环节，可到东部地区设置招商网点，对行业发展趋势、技术变化情况进行实地考察，重点引进具备较大增长空间、技术属于先进行列的产业，加强产业承接地交通设施、产品流通环节建设，拓展产品市场范围，使更多环境效益好、附加值高的服务行业在本地落户。优化产业环境，促进创业创新氛围的形成，使产业转移后能够实现持续的技术管理升级，并产生带动溢出效应，促进转入地在整体上实现产业结构优化调整。

第三节　产业转移相关政策保障措施

一　继续实施优惠性财税和价格政策以吸引产业转移

发挥财政资金宏观调控的作用，继续实施或延长转移产

业税收优惠政策，对新成立、产量和销售规模达不到利润平衡点的企业予以一定的财政资金扶持或贴息贷款，在土地集约使用的基础上落实优惠性土地价格，实施用电大户财政补贴政策，引入第三方推进合同能源管理，在降低企业用能成本的基础上实现能源节约利用。突出财政资金的针对性和方向性，加强财政部门与转移企业之间的联系，积极帮助企业申请各类财政补贴项目，推动企业实施技术改造、环境保护工程，以增强可持续性和企业经营活力为目标落实各项财政政策。制定分层次的财税分成制度，为增强地方政府招商引资的积极性，可在产业集聚地保留更多的财税资金，对建立在乡镇的产业园区企业的税收收入适当向乡镇政府倾斜。

二 政府从产业转移政策的短期供给向长期服务提供转变

政府的招商引资政策和服务需具备相当的连贯性，前期除了土地、财政、金融等各项优惠政策的提供，行政审批手续的简化之外，还需要对企业手续办理、关联企业的联络、新市场的定位和开拓予以一定的指导，建立长效化转移企业服务工作机制，在产业园区内成立专门的职能机构协调解决企业生产销售中存在的问题，实现政府从前期政策提供者向后期维护服务者的职能转变。设置领导和管理机构信箱制度，及时了解企业情况并对产生的矛盾和问题予以公正解决。发改、工信、招商、统计部门定期召开会议，分析转移企业投资、盈利、税费、销售方面的指标变化，把握当前产业发展的主要动态，为企业发展提供有效的信息支持，为后续招商引资提供有价值的参考和指导。完善产业园区内供水、供电、供暖等基础设施，从创造优良生产生活环境入手，提高对转移产业的吸引力，让更多企业能够在本地稳定下来进行长期战略谋划。以创新驱动推进产业升级，着重提高园区内技术服务的水平，积极引进发达地区新技术和管理经验，以本地产业龙头企业为核心进行技术交流和模仿，促进以技术转移为特征的产业二次转移，扩大转移产业的影响和带动力。

三　完善相关财政、金融政策，降低承接产业的融资难度

从解决企业融资难问题的角度入手，拓展企业资金来源渠道，加快新三板企业上市步伐，从完善资本市场入手，通过创新股权、债权融资方案增加中小企业资金供给。增强地方融资自助功能，联系关联企业成立行业互助基金，以库存商品或固定资产抵押的方式获取行业资金支持，企业可以现金或产品的形式进行资金偿还。加大财政对中小企业的支持力度，拿出部分财政资金建立企业短期资金周转池，缓解中小企业短期借贷困难。创新金融管理政策，实施同关联企业业绩相挂钩的银行奖励制度，以借贷资金的周转速度作为评价银行业绩的重要指标之一，设定银行中小企业借贷资金比

例的最低限额。实施银行业务人员"走出去"战略，培养一批能够参与并指导企业经营运作的金融人才，对企业经营进行更为客观的风险评估和风险提示，为银行借贷提供准确的市场信息，促进银行存贷资金有序流转。建设企业管理者信用监管机制，建立信息化个人信用登记制度，对经营不善导致企业倒闭的个人留存记录，限制其在一定时期内以自己的名义进行投资经营。

四　创新土地管理制度，推进土地集约化利用

继续实施"三免五减"的土地租金政策，引导转移企业入园实现土地集约化利用，实施园区建设用地和农民宅基地土地增减挂钩制度，建设与生产区相配套的产业园生活区，增加园林绿道面积，优化职工居住环境，从而形成稳定的劳动力供给，实现生产高效、职工安居、环境优良的产业园区运行氛围。各地制定最低土地出让金标准，防范出现超低价甚至无偿出让造成企业占地面积过大、资源浪费的现象。实施灵活的土地制度，允许企业在承包期内对土地进行转让、出租，增强企业资产变现能力，可以依据市场环境的变化和自身的发展需要及时进行产业调整，同时便于园区内企业变换生产组合模式，产生更为灵活的企业合作方式。建立土地银行制度，允许企业以土地和厂房为抵押品获取短期的流动性，解决当前企业从金融部门贷款难、贷款贵的问题。

五　打破部门和行业垄断，促进公平、统一市场秩序的形成

加强对资源获取、市场销售领域的市场监管，消除不合理的行业进入门槛，防止本地国有或集体大企业形成过度市场垄断，鼓励企业采取差异化的市场战略，避免产业集群内部同行企业之间的恶性竞争。逐步改变国有企业在市场进入、金融借贷方面的垄断格局，借助混合所有制和金融体制改革增强中小企业市场竞争力，使创新型中小企业通过产业转移获取更多市场机会。实施更为灵活的户籍和社会服务管理体制，促进劳动力实现区域间自由流动，加强地域间沟通合作，实现更广范围的城市圈、经济带建设，打破行政管辖限制，建成统一规范的区域技术和产品市场，使产业地域转移过程中能够有效降低交易成本，拓宽市场范围。

六　实施人才引进和员工培训计划

加强建立科技激励机制，政府或企业设立科研项目基金、创新和技改补贴，重点奖励取得突出科技成果、实施生产工艺创新的技术和管理人员。在企业内部设立科研中心、重点实验室、博士后流动站，完善科研设备、优化科研环境，高薪聘请外部科技人员协助技术研发与指导，对企业高学历、高技能工作人员予以一定额度的工资补贴，给予随迁企业高管优惠性住房政策，提供免费住宿楼，允许其在当地工作一

定年限后可以成本价购置住房。放宽户籍管理限制，符合条件的迁入企业员工及其家属可在本地落户，解决外来人员社保、医疗、子女教育问题。重视一线职工生产技术水平的提高，与对口职业学校签订技能培训合同，定向进行毕业生引进，定期组织企业职工到技术学校进行学习培训，提高岗位技术水平及安全意识。

参考文献

Akamatsu, K. 1962. "A History Pattern of Economic Growth in Developing Countries". *The Developing Economies* 1.

Alfaro Laura, Areendam Chanda, Sebnem Kalemli-Ozcan, Selin Sayek. 2004. "FDI and Economic Growth: the Role of Local Financial Markets". *Journal of International Economics* 64.

Alfaro Laura, Areendam Chanda, Sebnem Sebnem Kalemli-Ozcan, Selin Sayek. 2003. "FDI Spillover, Financial Markets, and Economic Development". International Monetary Fund Working Paper, WP/03/186.

Anthony J., Venables. 1998. "Localization of Industry and Trade Performance". *Oxford Review of Economic Policy*, Vol. 12, No. 3.

Arthur, W. B. 1994. "Urban Systems and Historical Path-dependenec". In Arthur, W. B. *Increasing Returns and Path Dependence in the Economy.* Michigan Press.

Ayres, R. U. 1989. "Industrial metabolism". In Ausubel, J. H. , Slavonic, H. E. , Eds. *Technology and Environment.* Washington, DC: National Academy Press.

Beata Smarzynska Jacorcik. 2004. " Does Foreign Direct Investment Increase the Productivity of Domestic Firms? In Search of Spillovers through Backward Linkages". *The American Economic Review*, Vol. 194 No. 13.

Borensztein, E, J De Gregorio, JW Lee. 1998. "How Does Foreign Direct Investment Affect Economic Growth?". *Journal of International Economics* , 45 .

Boulding, Kenneth E. 1966. "The economics of the Coming Spaceship Earth " . In Boulding, Kenneth E. , Jarrett H. , eds. *Environment Quality in A Growing Economy.* Johns Hopkins Press.

Broadman, H. G. and Sun, Xiao lun. 1997. "The Distribution of Foreign Direct Investment in China". *Oxford Economic Papers*, Vol 3.

Cantwell, J. 1998. "The Globalization of Technology: What remains of the Product-cycle Model". *The Dynamic Firm.* New York: Oxford University Press.

Florida, R. 1997. "The globalization of R&D: Results of a Survey of Foreign-affiliated R&D Laboratories in the USA ". *Research Policy*, Vol. 26.

Fredrik Burstrom, Jouni Korhonen. 2001. "Municipalities and Industrial Ecology: Reconsidering Municipal Environmental Management Sustainable Dcvolopment". *Sust* 12.

Frosch, R. A., Gallopoulos, N. 1989. "Strategies for Manufacturing". *Scientific American*, Vol. 261 (3).

Gourevitch, Peter, Roger Bohn and David Mckendrick. 2000. "Globalization of production: insights from the hard disk drive industry". *World Development*, Vol. 28, No. 2.

Gradel, T. E., Allenby, B. R., Linhart, P. B. 1993. "Implementing Industrial Ecology". *IEEE Technology and Society Magazine*, Spring.

Kro Vernon, R. 1966. "International Investment and International Trade in the Product Cycle". *Querterly Journal of Economics* 80 (2).

Maccarthy, B. L. and W. Atthirawong. 2003. "Factors Affecting Location Decisions in International Operation-a Delphi Study". *Imternational Journal of Operation&Production Management*, Vol. 23, No. 7.

Meyer D R. 1980. "A dynamic Model of the Integration of Frontier Urban Places into the United States Systen of Cities". *Econornic GeoGraphy* 56.

Peter W. G. Newman. 1999. "Sustainability and Cities: Extending the Metabolism Model". *Landscape and Urban*

Planning 44.

Jacobs J. 1969. *The economy of cities. Random House.* New York.

Von Thiinen. 1826. *Der Isolierte Staat in Beziehung Auf Landwrirtschaft und Nationalekonomie.* Hamburg.

Simon H. 1955. "A behavioral model of rational chioce". *The Quarterly Journal of Economics* 69 (1).

McCann P. 2001. "Urban and Regional Economics". https：//ideas. repec. org/b/oxp/obooks/9780198776451. html.

Allan R. 1970. "An Application of Gaming Simulation to a General Model of Economic Locational Processes". *Economic Geography* 46 (2).

Thrift N. and Olds K. 1996. "Refiguring the Economic in Economic Geography". *Progress in Human Geogeaphy* 20 (3).

Granovetter M. 1973. "The strength of weak ties". *American Journal of Sociology* 78 (6).

Pellenbarg P. 2002. "Sustainable Business Sites in the Netherlands：A Survey of Policies and Experiences". *Journal of Environmental Planning and Management* 5 (1).

安增军、许剑，2008，《福建省区域间产业转移模式研究》，《发展研究》第 10 期。

白小明，2007，《我国产业区域转移粘性问题研究》，《北方论丛》第 1 期。

陈刚、刘珊珊，2006，《产业转移理论研究：现状与展望》，《当代财经》第 10 期。

陈建军，2002，《中国现阶段产业区域转移的实证研究》，《管理世界》第 6 期。

陈力勇，2009，《自主工业化：西部承接产业转移的路径选择》，《理论导刊》第 5 期。

陈耀，2000，《国家中西部发展政策研究》，经济管理出版社，2000。

戴宏伟，2007，《国际产业转移的新趋势及对我国的启示》，《国际贸易》第 2 期。

戴宏伟，2006，《产业梯度产业双向转移与中国制造业发展》，《经济理论与经济管理》第 12 期。

董小君，2009，《主体功能区建设的"公平"缺失与生态补偿机制》，《国家行政学院学报》第 1 期。

杜黎明，2006，《在推进主体功能区建设中增强区域可持续发展能力》，《生态经济》第 5 期。

杜万平，2001，《完善西部区域生态补偿机制的建议》，《中国人口·资源与环境》第 3 期。

国家统计局国际统计信息中心课题组，2004，《国际产业转移的动向及我国的选择》，《统计研究》第 4 期。

国家发展改革委宏观经济研究院国土地区研究所课题组，2007，《我国主体功能区划分及其分类政策初步研究》，《宏观经济研究》第 4 期。

郭丽，2009，《产业区域转移黏性分析》，《经济地理》第 3 期。

范金、严斌剑，2008，《长三角都市圈劳动生产率的收敛性检验：1991~2005》，《世界经济文汇》第 3 期。

范剑勇、杨丙见，2002，《美国早期制造业集中的转变及其对中国西部开发的启示》，《经济研究》第 8 期。

范剑勇，2004，《市场一体化、地区专业化与产业集聚趋势：兼谈对地区差距的影响》，《中国社会科学》第 6 期。

傅晓霞、吴利学，2009，《中国地区差异的动态演进及其决定机制：基于随机前沿模型和反事实收入分布方法的分析》，《世界经济》第 5 期。

符正平、曾素英，2008，《集群产业转移中的转移模式与行动特征——基于企业社会网络视角的分析》，《管理世界》第 12 期。

高见、覃成林，2005，《基于东部发达地区产业转移的中部地区工业发展分析》，《经济经纬》第 5 期。

郭丽，2009，《产业区域转移粘性分析》，《经济地理》第 3 期。

龚雪、高长春，2009，《国际产业转移理论综述》，《生产力研究》第 4 期。

侯小星、郑海静，2008，《城市群产业转移与区域发展对策研究——以滇中城市群为例》，《全国商情：经济理论研究》第 9 期。

胡长深、马卫东，2009，《基于长三角产业转移的宿迁主导产业选择模型分析》，《现代商贸工业》第 17 期。

黄钟仪，2009，《产业转移、东部的趋势及西部的选择——以重庆为例》，《经济问题》第 7 期。

黄钟仪、吴良亚，2009，《西部承接东部产业转移的特征分析——以重庆为例》，《中国统计》第 6 期。

金相郁，2006，《区域经济增长收敛的分析方法》，《数量经济技术经济研究》第 3 期。

卡尔·波兰尼，2007，《大转型：我们时代的政治与经济起源》，浙江人民出版社。

蕾切尔·卡逊，1997，《寂静的春天》，吕瑞兰、李长生译，吉林人民出版社。

李斌、陈开军，2007，《对外贸易与地区经济差距变动》，《世界经济》第 5 期。

李春芬，1995，《区际联系——区域地理学的近期前沿》，《地理学报》第 6 期。

李二玲、李小建，2005，《企业集群的竞争优势研究》，《河南大学学报》（社会科学版）第 5 期。

李金昌、曾慧，2009，《基于金融市场发展的 FDI 溢出与经济增长关系：省际面板数据研究》，《统计研究》第 3 期。

李松志，刘叶飚，2007，《国外产业转移研究的综述》，《经济问题探索》第 2 期。

李松志，2009，《基于集群理论的佛山禅城陶瓷产业转移时空演替机理研究》，《人文地理》第 1 期。

李小建，1996，《香港对大陆投资的区位变化与公司空间行为》，《地理学报》第 3 期。

李秀敏、张见，2008，《我国制造业梯度推移粘性研究》，《广东社会科学》第 1 期。

李学鑫，2009，《基于产业分工的中原城市群经济联系研究》，《许昌学院学报》第 3 期。

李学鑫、苗长虹，2006，《城市群产业结构与分工的测度研究——以中原城市群为例》，《人文地理》第 4 期。

林衡博，2005，《产业梯度转移理论的实证研究——关于"长三角"与"珠三角"地区第二产业梯度转移问题的研究》，暨南大学硕士学位论文。

林建华、任保平，2009，《主体功能区建设：西部生态环境重建的新模式选择》，《北方论坛》第 2 期。

刘亚琴，张贵，2008，《京津城市功能极化与产业转移》，《城市》第 2 期。

刘夏明、魏英琪、李国平，2004，《收敛还是发散？——中国区域经济发展争论的文献综述》，《经济研究》第 7 期。

刘志坚，2006，《外商直接投资与产业集群的互动研究》，《工业技术经济》第 6 期。

陆文喜、李国平，2004，《中国区域金融发展的收敛性分析》，《数量经济技术经济研究》第 2 期。

吕政、杨丹辉，2006，《国际产业转移的趋势和对策》，《经济与管理研究》第4期。

罗浩，2003，《中国劳动力无限供给与产业区域粘性》，《中国工业经济》第4期。

马子红，2008，《区际产业转移：理论述评》，《经济问题探索》第5期。

马子红，2009，《区际产业转移的影响因素及对策分析》，《改革与战略》第6期。

马子红、胡洪斌，2009，《中国区际产业转移的主要模式探究》，《生产力研究》第13期。

苗长虹、王海江，2006，《河南省城市的经济联系方向与强度——兼论中原城市群的形成与对外联系》，《地理研究》第3期。

潘文卿，2003，《外商投资对中国工业部门的外溢效应：基于面板数据的分析》，《世界经济》第6期。

彭国华，2008，《我国地区经济的"俱乐部"收敛性》，《数量经济技术经济研究》第12期。

沈坤荣、马俊，2004，《中国经济增长的"俱乐部收敛"特征及其成因研究》，《经济研究》第1期。

苏伦·埃尔克曼，1999，《工业生态学》，徐兴元译，经济日报出版社。

孙旭，2008，《我国FDI东部区域集聚和向西部转移的粘性分析》，《区域经济》第3期。

汪斌、赵张耀，2003，《国际产业转移理论述评》，《浙江社会科学》第 11 期。

王国印，2005，《论科技进步非对称性问题》，《自然辩证法研究》第 6 期。

王国印，2005，《论科技进步非对称性对科技生产力的影响》，《河南大学学报》（社科版）第 6 期。

王国印，2008，《环境问题探源研究》，《中国人口·资源与环境》第 1 期。

王剑、徐康宁，2004，《FDI 的地区聚集及其空间演化——以江苏为例的研究》，《中国工业经济》第 12 期。

王卉彤，2008，《国家级主体功能区规划实施的财政金融对策》，《宏观经济管理》第 7 期。

王贵明、匡耀求，2008，《基于资源承载力的主体功能区与产业生态经济》，《改革与战略》第 4 期。

王品慧，2007，《安徽省承接长三角地区产业转移研究》，合肥工业大学硕士学位论文。

王双正、要雯，2007，《构建与主体功能区建设相协调的财政转移支付制度研究》，《中央财经大学学报》第 8 期。

王小鲁、樊纲，2004，《中国地区差距的变动趋势和影响因素》，《经济研究》第 1 期。

王莹，2008，《区域产业转移的相关理论及研究综述》，《特区经济》第 2 期。

王永莉，2008，《主体功能区划背景下青藏高原生态脆弱区的保护与重建》，《西南民族大学学报》（人文社科版）第 4 期。

王永齐，2006，《FDI 溢出、金融市场与经济增长》，《数量经济技术经济研究》第 1 期。

王志鹏、李子奈，2004，《外商直接投资、外溢效应与内生经济增长》，《世界经济文汇》第 3 期。

魏后凯，2007，《对推进形成主体功能区的冷思考》，《中国发展观察》第 3 期。

原小能，2004，《国际产业转移规律和趋势分析》，《上海经济研究》第 2 期。

邹积亮，2007，《产业转移理论及其发展趋势分析》，《中南财经政法大学学报》第 6 期。

张沛、段禄峰，2009，《从主体功能区建设审视西部城镇化发展》，《商业时代》第 4 期。

张茹，2008，《中国经济增长地区差异的动态演进：1978～2005》，《世界经济文汇》第 2 期。

张鑫，2009，《基于产业集聚的中西部地区承接产业转移问题研究》，《特区经济》第 6 期。

张自如、胡晖，2007，《国际产业转移的演变及其对世界经济的影响》，《生产力研究》第 13 期。

魏敏、李国平，2005，《基于区域经济差异的梯度推移粘性研究》，《经济地理》第 1 期。

谢佳，2009，《蚌埠市承接长三角地区产业转移的实证研究》，《黑龙江对外经贸》第 6 期。

谢丽霜，2009，《西部地区承接东部产业转移的环境风险及防范对策》，《商业研究》第 1 期。

肖艳霞，2009，《河南承接国际国内产业转移的对策研究》，《企业活力》第 7 期。

徐燕、李翠军，2009，《对中西部城市承接产业转移的思考》，《科技创业》第 6 期。

阳小晓、赖明勇，2006，《FDI 与技术外溢：基于金融发展的理论视角及实证研究》，《数量经济技术经济研究》第 6 期。

杨玉桢等，2007，《基于产业集群发展的天津滨海新区吸引外资政策研究》，《管理世界》第 10 期。

姚志毅，2009，《污染产业转移对我国环境与经济的影响分析》，《生态经济》第 4 期。

俞国琴，2007，《国内外产业转移理论回顾与评述》，《长江论坛》第 5 期。

郁鹏、安树伟，2008，《主体功能区建设与西部特色优势产业发展研究》，《生态经济》第 1 期。

赵桂芝，2008，《主体功能区战略下我国财政转移支付均等化功效探析》，《社会科学辑刊》第 3 期。

赵果庆，2004，《为什么国际直接投资不集聚中国西部?》，《管理世界》第 11 期。

张兆同，2011，《产业转移政策有效性研》，《现代经济探讨》第 10 期。

汤明、周德志，2014，《环境伦理视阈下的中部地区政府关于承接产业转移政策的缺失分析》，《经济地理》第 9 期。

何龙斌，2009，《我国区际产业转移的特点、问题与对策》，《经济纵横》第 9 期。

汪涛，2015，《我国东部产业向西转移的承接对策研究》，《西南师范大学学报》（自然科学版）第 6 期。

陈建军，2002，《中国现阶段的产业区域转移及其动力机制》，《中国工业经济》第 8 期。

郑燕伟，2000，《产业转移理论初探》，《中共浙江省委党校学报》第 3 期。

张先进、容宁，2008，《中西部地区承接产业转移应注意的问题与对策研究》，《改革与战略》第 4 期。

黄福江、高志刚，2015，《产业集聚度视阈下的承接产业转移问题研究——以兰州新区为例》，《企业经济》第 6 期。

吴汉贤、邝国良，2010，《广东产业转移动因及效应研究》，《科技管理研究》第 15 期。

魏后凯，2003，《产业转移的发展趋势及其对竞争力的影响》，《福建论坛》（经济社会版）第 4 期。

桑瑞聪、刘志彪，2014，《中国产业转移趋势特征和影响因素研究——基于上市公司微观数据的分析》，《财贸研究》第 6 期。

陈羽、邝国良，2010，《产业转移如何带动产业升级》，《技术经济与管理研究》第 5 期。

汤明、周德志，2014，《环境伦理视阈下的中部地区政府关于承接产业转移政策的缺失分析》，《经济地理》第 9 期。

肖德、程丽，2007，《湖北省承接制造业转移现状、优劣势及对策分析》，《湖北大学学报》（哲学社会科学版）第 5 期。

吴国萍、张鑫，2009，《西部承接东部产业转移的政府角色定位》，《改革》第 3 期。

蒋国政、张毅、黄小勇，2011，《要素禀赋、政策支持与金融资源配置：产业转移的承接模式研究》，《南方金融》第 2 期。

昝国江、王涛、安树伟，2010，《国际国内产业转移与西部地区特色优势产业发展》，《兰州商学院学报》第 1 期。

后　记

　　《中西部地区承接产业转移：案例与政策创新》一书是在我主持的国家社科基金重点项目"中西部地区承接产业转移的政策措施研究"（项目编号：09AZD024）结项报告基础上，加以丰富完善形成的。

　　本书在广泛调查研究的基础上，从技术水平、交通条件、服务环境、产业水平、劳动供给五个维度用熵值法赋权进行评价，然后同产业转移进行回归，探讨了产业转移的承接条件与影响机制；对产业转移中资本流动的数量和方向进行统计分析，用资本流动份额同 GDP 的份额之比衡量了地区之间资本流动强度的差异，并以金融发展水平、教育水平、科技水平为自变量对资本流动进行回归，探讨了资本流动与产业转移的关系；在总结中西部各省份产业转移可能带来的环境影响、各地环境保护政策特点的同时，提出促进产业转移资源节约化、环境友好化的方法和措施；对几个集中承接东部转移产业的产业园区中企业转移的动因、当地政府给与的优惠政策、企业所面临的生存环境、企业进一步发展方向进行了系统研究。本书以实证案例分析为重点，是对国内偏重于产业转移宏观机制研究的微观补充。

本书稿由我统筹，在项目结项报告基础上，重新厘定框架，完善思路，组织团队研究撰写。各章研究与撰写执笔人分别为：第一章（耿明斋、曹孜），第二章（娄春杰、曹孜），第三章（曹孜、纪鸿超、杨建涛），第四章（刘琼、张玉杰、张明、武文博），第五章（耿娜、张国骁、李少楠），第六章（陈翔、赵岩、赵贺朵），第七章（曹孜、柴森）。

郑州大学李燕燕教授多次参加讨论并通读书稿，提出了很多有价值的建议，提升了本书的整体质量。河南大学刘涛博士也对书稿提出了很多好的建议。李少楠做了大量联络组织工作，统一规范了书稿格式，并进行了必要的校改修订，还承担了出版所涉及的大量事务性工作。在项目研究和书稿撰写过程中，还有河南大学中原发展研究院及经济学院的不少老师与同学以各种不同的方式给予帮助，在此一并表示感谢。

受限制于调研范围，本项目研究侧重于河南省，对其他省份多以现有的资料和数据分析为主，再加上知识和眼界的限制，疏漏和错误在所难免，恳请广大读者及学界朋友提出批评，以便于我们今后的研究能够不断改进。

耿明斋

2018 年 1 月 15 日

图书在版编目（CIP）数据

中西部地区承接产业转移：案例与政策创新/耿明
斋等著 . -- 北京：社会科学文献出版社，2018.2
（传统农区工业化与社会转型丛书）
ISBN 978 - 7 - 5201 - 2147 - 7

Ⅰ . ①中… Ⅱ . ①耿… Ⅲ . ①产业转移 - 研究 - 中国
Ⅳ . ①F269.24

中国版本图书馆 CIP 数据核字（2017）第 328102 号

· 传统农区工业化与社会转型丛书 ·

中西部地区承接产业转移：案例与政策创新

著　　者 / 耿明斋 等

出 版 人 / 谢寿光
项目统筹 / 邓泳红　吴　敏
责任编辑 / 张　超　王蓓遥

出　　版 / 社会科学文献出版社 · 皮书出版分社（010）59367127
　　　　　　地址：北京市北三环中路甲 29 号院华龙大厦　邮编：100029
　　　　　　网址：www.ssap.com.cn
发　　行 / 市场营销中心（010）59367081　59367018
印　　装 / 三河市尚艺印装有限公司

规　　格 / 开 本：787mm × 1092mm　1/16
　　　　　　印 张：19.75　字 数：194 千字
版　　次 / 2018 年 2 月第 1 版　2018 年 2 月第 1 次印刷
书　　号 / ISBN 978 - 7 - 5201 - 2147 - 7
定　　价 / 89.00 元